그냥 좀
잘 지냈으면 하는 마음에

윤글 에세이

삶과 인간관계로부터
지친 당신에게

울다가 웃다가 또로 울게 되더라도,
다시금 웃을 수 있는 당신이 되기를.

프롤로그

세상에는 감당하기 힘든 일들이 많아서

살아가다 보면, 세상에는 감당하기 어려운 일들이 정말 많다는 것을 느낀다. 벌어지는 상황은 참 다양하고 덧얽히는 사람 사이의 이해관계는 어찌나 복잡한지 생각만 해도 두통과 피로감이 몰려온다. 더구나 그것들로부터 비롯되는 감정 때문에 지난날 얼마나 아픈 불안과 상실을 마주하고 견뎠는지, 직접 겪어 보지 않으면 절대로 짐작할 수 없는 시간이다.

그중에는 가까운 사람들에게 기대어 한바탕 털어놓고 나름 괜찮아졌던 일도 있었지만, 아무리 친한 사이라고 해도 쉽게 입을 뗄 수 없던 일도 있었다. 분명 나의 마음인데 나 또한 쉽지 않았고 몰랐던 부분이 수두룩했다.

게다가 이름 옆에 붙은 숫자가 점점 무게를 더해 갈수록 사람은 어렵고 상황은 두려웠다. 충분하게 괜찮아질 겨를도 없이 다그치는 일상 속에서 갖가지의 아픔을 연쇄적으로 마주해야 했다. 그런 고통은 거듭된다고 해서 꼭 익숙해지거나 무덤덤하게 여길 수 있는 것이 아닌데 말이다.

예전에 누군가에게 들었던 이야기가 문득 떠오른다. 평소에 잘 먹지 않던 음식이 유독 간절하게 생각난다면, 그것은 우리 몸에서 그 음식이 가진 영양소를 필요로 하는 것이라고. 어쩌면 마음도 그랬던 것일 수도 있겠다. 아무것도 하기 싫고 축 처지고 싶었던 날에는 내 안의 내가 이불을 안식처 삼아 하염없이 늘어지기를 바랐던 것이고, 왠지 싱숭생숭한 기분에 왈칵 울어 버리고 싶었던 날에는 남들의 시선을 피해서 고여 있는 우울을 한껏 비워 내기를 바랐던 것일지도 모르겠다.

어쩌면 당신도 나와 크게 다르지 않을 수 있겠다. 지난날의 내가 그랬던 것처럼 숨이 막힐 만큼 답답하고, 아프다고 말하지 못할 정도로 아픈 구석이 있을 수 있겠다. 그래서 나는 진심을 넘치도록 담은 이 책을 통해서 당신에게 말해 주고 싶다. 무턱대고 찾아온 힘듦을 대처할 때는 잠시 남의 눈치에 둔감해도 된다는 것을. 그때는 남보다 자기 자신을 더 생각했으면 한다. 끝까지 티를 내지 않으면서 무작정 혼자 참아 내려고 애쓰지 않아도 된다. 언제나 밝고 씩씩하게 지내려고 노력하지 않아도 된다.

오히려 힘겨울 때면 주변 사람들이라도 붙잡고 지금 정말 힘들다고 절실히 표현했으면 좋겠고, 울고 싶을 때는 엉엉 소리 내어 울어 버렸으면 좋겠다. 모든 것을 반드시 견뎌 내려고 하지 않고 당신의 마음이 보내는 의미 있는 신호에 주의를 기울일 수 있었으면 한다.

나는 당신이 그냥 좀 괜찮아졌으면 좋겠다. 너무 오래 자신의 행복을 망설이지 않았으면 좋겠다. 이런저런 일들을 한꺼번에 쥐고서 온종일 침울해하며 몹시 괴로워하지 않기를 바란다. 어차피 일어날 일이라면 어떻게든 일어나고, 일어나지 않을 일이라면 어떻게든 일어나지 않는다. 그리고 어쩌다가 일어난 일에는 다 나름의 뜻깊은 이유가 있기 마련이다. 그러니까 전보다 마음을 편히 가지고 살아갔으면 한다. 지금 당신의 앞에 놓인 문제들은 머지않아 기필코 해소될 것이다.

나는 당신의 불안이 길지 않았으면 좋겠다. 아니, 나는 당신이 진심으로 행복했으면 좋겠다. 그럴 수 있는 날에 점차 가까워지기를 응원하는 마음이다. 그때까지 이 책이 당신의 곁에서 두고두고 읽히며 필요한 순간에 적절한 용기와 위안이 되어 당신을 든든히 지켜 줄 수 있기를 소망한다.

틀림없이 전부 좋아질 것을 기대하며 마음을 다해 당신의 건투를 빈다.

파이팅.

작가 윤글

차례

프롤로그

세상에는 감당하기 힘든 일들이 많아서 7

1장

지칠 대로 지쳤을 거고

얼마나 힘들었을까	21
처음이라 그런 것이니까	23
뭘 해도 잘 되질 않는 날	25
쓰담쓰담 그리고 토닥토닥	26
이름 모를 불안이 찾아왔다면	27
마음이 힘들 때 주의해야 할 것	30
한숨 쉬면서 살자	31
파도였으면 좋겠다	32
길을 잃은 것만 같을 때	34
방황할 수도 있다	36
불안해하지 말자	38
지난 시간을 믿을 필요가 있다	40

우리는 끝내 이룰 테다	42
그대로 있어도 괜찮다	44
빛나는 청춘이다	46
자주 오래 보자	48
번아웃을 극복하는 방법	49
성장통이라고 생각하자	50
바다 보러 가자	51
이만하면 제법 괜찮은 삶이겠다	54
좋았던 날을 기억하기	56
하루의 끝에서	58
참 다행이다	61
지혜롭게 사는 방법	63
그래야 좀 공평하지	64
시름에도 하루가 있었으면 좋겠다	65
오늘도 금방 지나갔다	68
기분이 설레는 순간들	70
내일은 더 행복해야지	73
여러 겹으로 이루어진 마음	76
귀띔	78

2장

아플 대로 아팠을 거고

상처받은 사람에게	83
아무도 관심이 없다고 해도	85
씩 웃어 버리자	87
이런 것들이 있었구나	88
사람을 대할 때 필요한 마음가짐	90
그만 다쳤으면 좋겠다	91
소문은 소문일 뿐	94
그럴 필요가 없는 사람들	96
사람으로부터 느끼는 것들	97
당신은 누군가의 자랑이자 자부심이다	98
어른 아이에게	100
보이는 것이 다가 아니다	102

나를 사랑하기로 했다	104
견고해지고 있다	106
쉽게 무너지지 않으려면	108
모든 말을 담아 둘 필요는 없다	109
눈치 보지 않기	111
다치는 것이 수월한 사람은 없다	113
마음을 다잡을 수 있는 생각들	115
틀린 마음은 없다	116
인간관계에서 중요한 것	118
좋은 사람	119
섬세함이 비슷한 사람	120
새벽 어딘가에서 멈추어 있는 당신에게	121
감정을 아끼자	122
두 명이면 돼	124
내가 너무 예민한 걸까	126
노이즈 캔슬링	128
생각보다 훨씬 더 강한 사람	130
나의 우울에게	132
감정 기복이 심해졌다면	134
핸드 드립 커피	139
두루두루 잘 지내는 방법	141
나의 꿈은 당신과 나태하게 사는 것	142
오늘도 참 애썼다	143
조건부 불행	145

3장

울기도 많이 울었겠지만

혼자 울었을까 봐	149
당신 곁에 있을 테니	150
마지막이 아직은 두려운 마음이라	152
나의 끝	155
엄마에게	157
영원한 이별이 아니기에	160
외할머니	162
친할머니	165
아빠와 새엄마	168
우는 법을 잊지 않기를	170
울기에 오래된 일은 없다	171
온통 떠안을 필요는 없다	174

잘 잊고 있다	176
시간이 약이라는 말	178
모래사장 위의 글씨	180
빌려주고 싶은 문장이 있다	184
첫사랑	186
좋았던 날들까지 미워하지 않기를	188
지나간 사람은 잊자	190
살아 낸 것만으로도	192
감정 표현이 서툰 당신에게	193
방황 속에서 점검해 보아야 할 것들	196
엉망이어도 돼	197
외로움에 잠식되지 않기를 바란다	199
인연은 계속 될 테니까	201
나를 싫어하는 사람	203
거절은 무례한 것이 아니다	205
살면서 부질없게 느껴졌던 것들	207
놓아야 할 사람	208
잡아야 할 사람	210
존중받지 못하는 관계	212
숫자는 숫자일 뿐이더라	214
미워하는 일	216
충분히 잘했다	217
어서 오렴	218

4장

다시금 웃을 수 있었으면 좋겠다

감정의 시작점을 찾을 것	223
대체 불가능한 존재	226
나로 살아가기	228
나는 내가 위로하면 된다	230
희망을 품자	233
그냥 하는 마음	235
마법의 주문	237
나를 위한 문장을 만들기	240
차분해지는 방법	242
좋은 인상을 남기는 방법	243
누구도 나를 살아 본 적 없으니까	244
당신에게 바라는 점	246

마음의 맷집	249
아기자기하게 살아 보자	251
모두에게 사랑받을 필요는 없다	253
낭만을 품은 사람이 되어야지	254
내가 그토록 찾던 계절일까 해서	256
괜찮은 사람을 얻는 방법	258
뿌리를 내리는 중	259
1월부터 12월	262
버킷 리스트 만들기	264
자기 순서가 있다	265
행복 사용법	266
지나치게 걱정하지 않기를	268
다 착각이라고 생각하기	271
언젠가 그리울 테니	273
너그러이 낡아지자	275
그러지 않아도 되었을 일	277
촘촘히 준비하자	279
틈이 있는 삶	280
고즈넉이 당신을 응원할 테다	281
이제는 지겹겠지만	283

에필로그
나는 당신이 잘 지냈으면 하는 마음이라서   284

1장
지칠 대로 지쳤을 거고

무기력했던 하루의 끄트머리에서
외로이 멈추어 있는 당신에게

∞

열심히 살아가다 보면 잠시 지칠 수도 있다.
괜찮다, 그럴 수 있다.

얼마나 힘들었을까

 구태여 밖으로 꺼내어 보이지 않아도 알 수 있는 심정이 있다. 일일이 늘어놓고 설명하지 않아도 짐작할 수 있는 시간이 있다. 혼자서 얼마나 마음고생을 했고 얼마나 오래도록 지쳤을까. 정말 고생했다. 험난한 세상에서 살아 내느라, 상처받느라, 괜찮지 않은데도 괜찮은 척을 하느라. 어떻게든 견뎌 내려고 아등바등 안간힘을 쓰느라.

 습관처럼 꺼내던 괜찮다는 말이 정말 아무렇지도 않다는 뜻은 아니었을 텐데. 다 무뎌진 줄만 알았던 기억이 와장창 깨져 버렸을 때도 무척이나 쓰라렸을 텐데. 그냥 다 포기해 버리고 싶었던 마음도 누구보다 절실했을 텐데.

 그런 모든 순간을 꿋꿋이 이겨 냈고, 이겨 내고 있는 당신이 참 대견스럽다.

지금까지 그랬던 것처럼 당신은 분명 앞으로도 잘 이겨 낼 것이다. 어떤 어려움도 끝내 극복해 낼 것이다. 그러나 한 가지만 잊지 않기를 바란다. 살아가면서 현실이 지나치게 버겁고 자기 자신이 위태롭다고 느낄 때면, 그것이 무엇이든 언제든지 바로 멈춰도 되고 어떻게든 어디로든지 잠시 도망가도 된다는 것을. 이것은 절대 무능력하거나 무책임한 것이 아니다. 그저 사람마다 쉼이 필요한 순간이 다를 뿐이고 그것을 대처하는 방법에 차이가 있을 뿐이다.

 충분히 쉬고 실컷 웃으면서 지친 자신의 몸과 마음을 한가득히 충전하고 다시 돌아오면 된다. 그렇게 다시 나아가면 된다. 그러니까 지금은 아직 할 수 없는 일을 무리해서 소화해 내려고 하지 말자. 삶에도 분명 일시 정지가 필요할 테니까.

∞

우리, 잠시만 내려놓기로 하자.
그동안 너무 애썼다.
세상에서 제일 소중한 사람아.

처음이라 그런 것이니까

 무엇이든 처음이 제일 어렵고 두려운 법이다. 알고는 있었지만, 이 생각을 체화하고 나서부터는 어떤 일을 마주했을 때 그것이 아무리 거대해 보이더라도 무작정 있는 힘껏 부딪쳐 본다. 어쩌면 내가 더 단단할 수도 있으니까. 그 이후 어떻게 될지는 충돌해 보기 전까지 아무도 모르는 일이다.

 그리고 복잡했던 생각과 달리 결과는 결국 단순할 테다. 내가 깨지든지, 그 일이 깨지든지. 설령 내가 부서지더라도 괜찮다. 그 또한 하나의 값진 경험일 테니. 얼마든 실패해도 된다. 대신 최선을 다해서 더 나은 실패를 하자. 더 나은 성공을 위해서.

 처음치고 잘하는 사람은 있을 수 있어도 처음부터 잘하는 사람은 없다. 그래서 우리는 모두 서툴고 실수를 한다. 몇 살이 되더라도 그 나이는 처음 살아 보는 것이니까. 그러니 자기 자신이 좀 잘하지 못했더라도, 너무 몰아세우지 말고 더 잘한 사람과 견주지도 말고 다소 아쉬운 결과일지라도 그것을 너그럽게 여길 줄도 알았으면 좋겠다.

누구보다 가장 실망했고 상심하고 있을 나 자신을 격려하고 응원해 주자. 괜찮다고, 정말 힘들었겠다고, 다시 해 보면 되는 것이라고.

∞

고생했다. 애틋한 나야.
나는 내가 다부진 마음으로 나날이 단단해지기를
그런 굳센 사람이 되기를 진심으로 바라.

뭘 해도 잘 되질 않는 날

하는 일마다 전부 꼬이는 날이 있다. 마치 내가 꼭 크게 화내기를 바라며 누군가가 의도적으로 하루를 엉망으로 만들어 놓은 것처럼. 아무리 꼼꼼하고 철저하게 준비한 계획에도 예상하지 못한 상황이 일어나곤 한다.

그렇지만 괜찮다. 그냥 그런 날에는 이미 벌어진 일을 곱씹으며 계속 분노하기보다 심호흡을 크게 몇 번 하고 다음 일을 생각하자. 틀어졌다면 틀어진 대로 또 새로운 계획을 준비하고 실행하면 된다. 이번에 아쉬웠던 부분을 보완하고 같은 실수를 반복하지 않으려고 노력하면 된다. 굳이 마음에 계속 담아 두고 무엇을 탓하거나 원망할 필요가 없다. 이미 나쁘게 산 시간은 환불이 되지 않으니까 그만 흘려보내자. 지금은 그런 결단력이 필요한 순간이다.

쓰담쓰담 그리고 토닥토닥

감당해야만 할 때가 있다.

피하고 싶었던 사람과 상황을, 원하지 않았던 감정과 생각을. 오늘도 그 어려움 속에서 안간힘을 쓰며 가까스로 버티고 있을 당신에게 심심한 위로와 응원을 전하고 싶은 마음이다. 참 애쓰고 있고 잘 해내고 있다.

누군가를 품 안 가득히 끌어안으며 머리를 쓰다듬고 등을 토닥이는 일은 어쩌면 그 사람의 세상을 지키는 일일 수도 있다. 그래서 오늘은 내가 지친 당신의 세상을 지켜 주려고.

언젠가 조용히 사라질 아픔을 그토록 아파하느라 너무 힘들었겠다. 수고했다. 세상에서 가장 소중한 이름아. 쓰담쓰담, 토닥토닥.

이름 모를 불안이 찾아왔다면

보통 우리가 말하는 불안은 불안정하고 불확실한 상황으로부터 싹을 틔우는 경우가 많다. 예를 들어 오랫동안 준비해 온 시험이나 취업을 앞두고서 생겨나는 불안, 가깝거나 먼 인간관계에서 여러 가지 감정과 얽혀 나타나는 불안 그리고 이미 일어난 일에 대해서 연쇄적으로 발생하는 불안처럼 말이다.

안타깝게도 이런 불안들은 언제나 우리의 근처에 있다. 게다가 주기적으로 새로운 주제를 들고 찾아오기도 하며 어떨 때 보면 자기들끼리 신호가 맞지 않았는지 한꺼번에 몰려오는 일도 있다. 이런 상황 속에서 사람의 일은 그 누구도 쉽게 장담할 수 없고 우리는 하루에도 높고 낮은 확률을 가지고 수많은 변수 위에서 살아간다. 그렇기 때문에 생각하지도 못했던 일이 일어나기도 한다. 어느 날에는 운이 좋아서 바라던 결과를 손쉽게 가져오기도 하지만, 반대로 운이 나빠서 바라지 않았던 결과를 어렵게 감당하며 살아야 할 때도 있다.

이렇든 저렇든 간에 중요한 것은 당신의 마음가짐이다. 항상 당신에게는 행복한 일들만 가득했으면 좋겠지만, 바람과는 상이하게 힘겨운 일이 일어나고 버거운 결과를 맞이하게 되더라도 좌절하지 않았으면 좋겠다. 그것이 당신의 전부를 의미하는 것은 아니니까. 오히려 그런 상황 앞에서 '그럴 수 있다'라는 마음으로 태연하게 다음을 바라보고 주어진 현실에서 가장 나은 선택을 할 수 있는 사람이 되기를 바란다.

불행 중 다행이라면 이 세상 어디에도 총량 없는 불행은 없다는 것이다. 그러니까 이번 결과가 많이 아쉬웠다고 해서 기운이나 의욕 없이 있지 않아도 된다. 다음 기회에 더욱 잘하면 된다. 그때도 부족하다면 다음다음 기회에 더더욱 잘하면 되는 것이고. 아직은 아니지만, 분명히 때가 되면 반드시 좋은 일을 맞이할 수 있는 날이 온다. 멈추지 말자. 당신이 경계해야 할 것은 실패가 아니라 포기이다.

인생이라는 여정에는 계획한 대로 진행되지 않고 마음먹은 대로 풀리지 않는 부분이 많다. 또한 부정하고 싶어도 인정해야만 하는 순간이 있고 멈추고 싶어도 계속해야 하는 일이 있다. 때로는 숨이 턱 끝까지 차오르는 오르막길을 오르다가 기진해서 자신의 한계를 느끼는 순간도 있지만, 황홀한 경치를 발밑에 두고 수월하게 내려올 수 있는 내리막길도 있다는 사실을 잊지 않아야 한다.

신기하게도 세상은 우리에게 뜻밖의 시간과 장소에서 값진 의미를 선물한다. 너무 암담하게만 있지 말자. 과히 불안해하거나 우울해하지도 말고. 당신에게 불행이 무작정 다가온 것처럼 행복도 무작정 다가올 테다.

바라건대, 현재 상황으로 미래를 섣불리 재단하지 말자. 누가 어떤 말을 해도 당신은 잘 해내고 있다. 무난히 헤쳐 나가고 있다.

∞

당신이 감당하지 못할 만큼 행복했으면 좋겠다.
틀림없이 그럴 테지만, 그래도.

마음이 힘들 때 주의해야 할 것

하나, 밤낮을 바꾸지 않기.

둘, 끼니를 거르지 않기.

셋, 혼자서 걱정하지 않기.

넷, 이유를 자기 안에서 찾지 않기.

다섯, 방에 틀어박혀 있지 않기.

∞

툭툭 털어 내고 태연하게 지내자.
당신이 별일이 아니라고 여기면
정말 별일이 아닌 것이 된다. 괜찮다.

한숨 쉬면서 살자

우리, 마음이 답답할 때면 실컷 한숨을 쉬면서 살자. 한숨은 높은 스트레스로 인해서 가슴이 답답해지는 증상을 완화하기 위해 우리 몸에서 자연스럽게 나타나는 생리 현상이다. 실제로 스트레스 발산 효과, 심리적 진정 효과, 피로 해소 효과 등등 건강에도 좋다고 한다.

물론 사람과 장소를 가리지 않으면 오해를 살 수 있고 좋지 않게 보일 수도 있지만, 그런 것이 아니라면 얼마든지 내쉬어도 된다. 갑갑한 생각과 감정을 속에서 묵히지 말고 푹푹 쉬자.

∞

그런 의미에서,

"아휴"

파도였으면 좋겠다

 힘든 것은 한시적이라고 하지만 나에게 그 한정되어 있다는 시간은 너무나도 영구적으로 느껴진다. 반복되는 매일을 아등바등 버티고만 있는데 누구 하나 먼저 찾아와 이런 나를 알아주고 위로해 주는 사람도 없다. 그렇다고 먼저 다가가 나를 좀 안아 달라고 말하지도 못하는 나 자신이 가엾고 초라하다. 좀 그만 힘들어하고 싶은데 그것이 참 힘들다.

 그중에 가장 안쓰럽고 버거운 것은 아무리 울며 아파하더라도 다음 날이 되면 또 아무렇지 않게 살아가야 한다는 것이다. 세상은 나의 개인적인 사정에 관대한 편이 아니더라. 어쩌면 이것이 너무 당연하고 그저 나의 욕심일지도 모르겠지만.

 나는 종종 내가 파도였으면 좋겠다고 생각한다. 비록 차가운 모래사장 위에서 셀 수 없이 부서지고 또 부서지지만, 다시금 일어날 수 있는 굳센 용기를 가진 파도가 되고 싶다. 그렇게 살면서 어떤 난항을 겪게 되더라도 쉽게 그만두거나 굴복하지 않고 끈기와 오기로 맞서고 싶다.

이런 생각의 끝에서 불현듯 인생이 참 아이러니하게 느껴진다. 지금까지의 무수한 날들을 돌아보면 무난하게 살기 위해 다사다난을 겪어야 했으니까. 부조화 속의 균형, 인고 끝에 성장. 어쩌면 지금 이렇게 고된 것도 성숙과 성장의 과정일 테다. 그렇게 나의 마음은 무르익고 있다.

더 짙은 색으로 스스로를 물들이고 있다.

∞

파도는 오늘도 하얗게 부서지고 있다.

길을 잃은 것만 같을 때

 서둘러 가야 할 길이 있는데 갑자기 그 길을 잃어버린 것만 같을 때가 있다. 주위를 아무리 둘러보아도 이정표는 눈에 들어오질 않고 누구 하나 방향을 알려 주는 사람도 없다. 부단히 해 오던 일은 전혀 손에 잡히질 않고 끝없이 방황하며 자신감을 잃고만 있다. 그렇게 익숙했던 것들이 낯설게 느껴지면서 머릿속은 금세 불안한 생각들로 가득 차 버릴 때가 있다.

 '이 일을 계속하는 것이 맞을까, 내가 시작한 일인데 결과가 좋지 못하면 어쩌지, 도중에 그만두면 사람들이 속으로 나를 뭐라고 생각할까, 내가 틀렸던 것일까, 나는 왜 이 모양일까.'

 이런 감정들이 어수선하게 어질러져 어쩌면 오늘도 심란한 시간을 보냈을지도 모르겠다. 그래서 어디선가 털썩 주저앉아 아무것도 하지 못했을 수도 있겠고 포기의 문턱 앞에서 서성거렸을 수도 있겠다. 더 말할 것도 없이 무척 당황스럽고 혼란스러운 시간을 경험했고 견뎌 냈을 당신의 마음을 쓰다듬어 주고 싶은 마음이다.

여실히 공허하고 소리 없이 소란스러운 시간을 보내고 있겠다. 그렇지만 나는 당신이 희망을 품고 끝까지 포기하지 않았으면 좋겠다. 세상에 흔들리지 않고 피는 꽃은 없다. 당장 눈에 보이는 결실이 없다는 이유로 무시를 당하거나 운이 나쁘게도 당신의 선택이 좋지 않은 결과를 불러오더라도 그냥 그 모든 것들이 일시적인 것이고 당신이 잠시 바람에 흔들리는 것이라고 덤덤하게 여겼으면 좋겠다.

우리는 인생이라는 길에서 다양한 장애물을 만나고 예기치 못한 상황을 맞닥뜨리게 된다. 그러나 그것들을 번번이 개별적인 결과로 받아들이며 쉽게 동요되고 절망하기보다는 그저 최종 목적지에 도착하기 위한 과정의 일부로 보았으면 한다.

그렇게 꾸준함을 가지고 묵묵히 전진하다 보면 빛나는 순간은 반드시 온다. 중간에 멈추지만 않으면 당신이 만개할 날은 어김없이 온다. 그러니 지나간 날들의 노력에 대해 의심을 하지 않았으면 좋겠고 다가올 날들에 대한 믿음을 잃지 않았으면 좋겠다.

너무 걱정하지 말자. 당신은 눈부시게 빛날 것이다. 그렇게 정해져 있다.

방황할 수도 있다

 어느 누구에게나 갈팡질팡하게 되는 시기가 있다. 나이는 꾸준히 쌓여가는데 지금 이 나이에 무엇을 해야 하고 어떻게 해야 맞는 것인지 전혀 모르겠을 때. 또한 자기 자신이 어떤 것을 좋아하고 무슨 일을 잘하는지도 헷갈리며 간혹가다 인생이 무채색 영화처럼 느껴질 때. 게다가 하필이면 요즘 들어 새롭게 흥미를 붙일 만한 것도 보이질 않고 그저 인스타그램이나 유튜브 혹은 페이스북만 들락날락하게 될 때.

 괜찮다. 누구나 그럴 수 있다. 그럴 때는 그냥 그런대로 미지근하고 밍밍하게 지내보는 것도 좋은 선택이다. 하지만 이미 그렇게 지내봤음에도 마땅한 돌파구를 여전히 찾지 못하고 있다면 현재 자신이 너무 많은 생각을 짊어지고 있는 것은 아닌지 한 번쯤 점검해 보는 것도 나쁘지 않다.

왜 그러냐 하면 자기도 모르는 사이에 갈망, 욕심, 비교, 질투, 집착, 초조, 한탄, 자책 등을 내면 어딘가에 달고 있을 수도 있기 때문이다.

세계적인 달리기 선수도 여러 개의 모래주머니를 차고 달리면 자신의 실력을 십분 발휘할 수 없는 것처럼 어쩌면 당신도 근심과 걱정으로 가득 찬 주머니들을 차고 있을지도 모른다.

찬찬히 잡념을 비워 내는 연습을 하자. 그러기 위해서 가까운 헬스장에서 운동을 시작해도 좋고, 영상을 보며 요리를 따라 해 봐도 좋고, 매일 잠들기 전에 간단한 일기로 마음을 정리하는 것도 좋다.

무엇이 되었든 이것저것 따지면서 머뭇거리거나 의미 없이 배회만 하지 말고 일단 시작해 보자. 세상을 꼭 복잡하고 어렵게만 살 필요는 없다.

∞

사실, 재미있고 행복하게 살기 위해서
아주 많은 생각이 필요한 것은 아니다.

불안해하지 말자

지나친 불안은 우리의 삶에서 아무런 도움이 되지 않는다. 불안하다고 해서 하염없이 불안해하기만 하면 더더욱 불안해질 뿐이다. 게다가 이런 감정이 오랜 시간 지속되고 반복되면 결국 우리의 안에서 습관으로 자리를 잡게 된다. 그러다가 자칫 더 심해지면 정말 마음 편히 누리고 즐겨도 되는 상황에서도 버릇처럼 자신의 행복에 의구심을 품게 된다. '하루에 하나쯤은 틀어질 만도 한데 지나치게 완벽한 날을 보내서 나중에 몇 배로 더 힘들어지는 것은 아닐까.' 하는 소용없는 두려움에 시선을 빼앗겨서 정작 눈앞의 소중한 순간을 놓쳐 버리는 것이다.

우리 조금만 마음의 힘을 빼고 긴장을 풀자. 그리고 안정을 되찾고 유지하려고 노력해 보자. 혹여나 내면에서 불안의 농도를 높이는 것들이 있다면 그것과 반대되는 것들을 더 많이 넣어 보자. 무엇이든 희석하다 보면 연해지기 마련이다. 우리의 불안도 그럴 것이다. 짙은 불안을 연하게 만들기 위해서 틈나는 대로 도움이 될 만한 글도 읽어 보고 여러 영상도 시청해 보자. 또, 주변 사람들에게 조언도 구해 보고 혼자서 기분 전환도 시도해 보자. 그렇게 다방면으로 애쓰다 보면 세차게 흔들리는 마음을 어느 정도 다잡을 수 있다.

  아닌 것 같아도, 밝은 마음은 기분 좋은 일을 불러일으킨다. 이것이 우리가 좋은 감정에 오래 머물러야 하는 이유이다. 좋게 생각하자. 그러면 난해한 일도 원만히 넘길 수 있는 요령을 터득할 테니.

∞

불안한 당신에게 당부하고 싶은 말이 있다.
부디 자신의 행복에
부드럽고 서글서글한 사람이 되었으면 한다고.
당신은 행복해도 되는 사람이라고.

지난 시간을 믿을 필요가 있다

 당신은 당신을 좀 믿을 필요가 있다. 왜냐하면 누가 뭐래도 지금까지 너무 고생이 많았고 마주친 어려움을 잘 물리쳐 왔으며 맡은 것들을 역시 너무 잘 해내고 있으니까. 그러니까 주눅 들지 않았으면 좋겠다. 당신, 정말 잘하고 있다.

 혹시 아는지 모르겠지만 사실 당신은 대단한 힘을 가지고 있다. 원하는 결실을 끌어올 만큼의 아주 굉장한 힘을 말이다. 그러므로 자기 자신을 믿고 열심히 끌어당기자. 바라는 일을 간절하고 꾸준하게 끌어당기다 보면 결국 그것에 가까워지게 되어 있으니까.

 때때로 불안하고 불확실한 기분에 휩쓸린 날이면 스스로에게 이렇게 말해 주자.

'충분히 그럴 수 있다고 분명히 잘될 것이라고, 여전히 믿고 있다고, 거뜬히 해낼 것이라고.'

간절히 바라건대, 원하지 않는 생각에 잠겨서 너무 먼 미래까지 힘들어하지 않았으면 좋겠다. 비록 아직은 뿌옇고 희미하게 보일지는 몰라도 머지않아 선명해지고 뚜렷해질 모든 찬연한 것들을 의연하게 기다릴 수 있는 당신이 되기를 바란다. 모두 잘될 것이라고 생각하자. 어차피 결국에는 전부 잘 풀릴 당신이니까.

∞

기죽지 말자. 움츠러들지 말자.
위축되지 말자. 주눅 들지 말자.
지금도 이미 충분히 잘하고 있다.
정말 잘하고 있다.

우리는 끝내 이룰 테다

 세상은 인간에게 성공을 쉽게 내어 주지 않는다. 순탄히 얻을 수 있는 것처럼 만들어 놓은 것 같다가도 예상하지 못한 곳에서 우리를 미끄러지게 한다. 하지만 우리는 다시 일어나서 오를 것이다. 또다시 밀리어 넘어지더라도 그럴 것이다.

 간혹 세상은 우리에게 무척 야속하게도 눈앞에서 성공을 무너지게 할 때도 있다. 그러다가 우여곡절 끝에 이제 막 겨우 다다랐는데 첫발을 내딛자마자 모든 것을 수포로 돌아가게 할 수도 있다. 그래서 운이 나쁘면 아예 처음으로 돌아가 다시 시작해야 할 수도 있다. 우리는 그 좌절의 연속에서 상처투성이가 되어 많은 것을 잃기도 하고 망가진 마음을 부여잡고서 끝없이 자책하기도 할 것이다. 어느 날에는 괜스레 누군가를 원망할 수도 있고 그만 좋지 않은 생각까지 할 수도 있다.

그러나 우리는 잘 알고 있다. 설령 0에서 다시 시작하게 되더라도 끝까지 희망을 잃지만 않는다면, 마지막까지 포기하지만 않는다면 우리가 이루지 못할 것은 세상 어디에도 없다는 것을.

세상은 성공을 허락하기 전에 사람을 시험에 들게 한다. 과연 이 영광을 누릴 자격이 되는 사람인지 아닌지를 확인하는 것이다. 그러니 멈추지 말자. 어떻게든 견뎌 내고 또 버텨 내자. 그나마 다행이라면, 세상은 당신이 풀지 못하는 문제를 내지 않는다는 것이다. 그리고 틀림없이 이 고통의 끝은 우리의 성공일 테다. 그것도 아주아주 눈부시고 곳곳에서 힘찬 박수 소리가 들려올 만한.

∞

삶에서 마주치는 어려움을 너무 극단적으로 여기지 않기를.
길에서 장애물을 만났다고 해서 그 길이 끝난 것은 아니니까.
위로 넘어가도 되고, 옆으로 피해 가도 되고,
저리 치우고 가도 되며, 다른 길로 돌아가도 된다.
난관에 봉착했다면 이렇게 외치자.
"다 방법이 있지"라고.

그대로 있어도 괜찮다

 때때로 아무것도 하지 않아도 괜찮다. 그런 결정이 누군가에게는 앞으로 나아가는 데에 최악의 선택으로 보일지 모르겠지만, 적어도 당신에게는 이 세상을 버텨 내는 데에 최선의 선택이었을 테니까. 그러니까 좀 쉬어도 된다. 당신의 인생을 책임지지도 않을 사람들의 말에 동요되어 자기 자신을 다그치거나 스스로에게 무엇을 계속 강요하지 않았으면 좋겠다.

 사람은 누구나 자신만의 페이스가 있고 인생을 완주하는 일은 우리의 생각보다 훨씬 더 많은 걸음이 필요할지도 모른다. 그래서 무조건 빠르게만 달려가는 것이 절대적인 답이 될 수 없다. 아무리 가쁜 세상이라고 하지만 우리 때로는 천천히 가자. 부담하고 있는 모든 것을 잠시 내려놓고 정신없는 일상을 떠나 며칠 여행도 다녀오자. 그러면서 마음이 맞는 사람들끼리 저마다 가진 낭만을 공유하며 듣기 좋은 어느 노래의 한 소절처럼 살아 보자.

   가끔은 엉망진창이어도 좋으니, 당신이 웃음과 여유를 잃지 않기를 바란다. 쉬어야 할 때는 다른 것에 연연해하지 말고 충분히 안식을 취하자. 그래도 우리의 인생은 늦지 않을 테니.

∞

무엇이든 생각하기 나름이다.
별다른 문제없이 모두 잘 풀릴 테니
너무 걱정하지 말자.
좀 느린 발걸음이라도 더 짙은 발자국이면 된다.

빛나는 청춘이다

인생이 늘 꽃길일 수는 없다. 그래서 현재를 인정하고 미래를 희망하는 태도가 정말 중요하다는 것을 느끼는 요즘이다. 넘어질 수 있어도 쓰러지지 않는 삶, 담담하게 받아들이고 다시 씩씩하게 나아가는 오뚝이 같은 삶 말이다.

하지만 이것이 말처럼 쉽지 않다는 것을 안다. 걱정, 근심, 염려, 불안, 우울, 무기력과 같은 것들이 당신을 그냥 내버려 둘 리가 없으니까.

그러나 다행인 소식은 우리네 불행에는 총량이 있다는 것이다. 그래서 나빴던 날들이 길게 이어졌다면 이는 곧 당신의 미래에는 좋을 날들이 더 많이 남았다는 것을 의미한다. 그러니 우리 기운을 내자. 어쩌면 이미 힘든 당신에게 힘을 내라는 말이 좀 거북하게 들릴 수도 있겠지만 그럼에도 최소한의 힘은 유지하면서 살았으면 한다. 하찮아 보이는 작은 불씨가 산맥을 활활 태울 수 있는 것처럼, 우스워 보이는 작은 힘도 당신을 활짝 웃게 할 수 있으니까.

세상이 당신을 아무렇게나 흔들고 굴리고 못살게 해도 당신은 쉽게 굴복을 당할 사람이 아니다. 최소한의 힘을 잃지 않으려고 애쓰다가 정 버거울 때면 가끔은 내일의 당신에게 맡겨도 좋다. 오늘의 당신이 이토록 잘 버텼으니 내일의 당신 또한 잘 버틸 것이 확실하다. 어쩌면 도리어 이겨 낼 수도 있고.

나는 당신이 슬픈 날을 살 때 감정에 너무 깊게 빠지지 않았으면 좋겠고, 마음이 어느 한쪽으로 심하게 기울게 된다면 그것이 부디 기쁜 쪽이기를 바란다. 너무 시무룩하게 있지 말자. 당신은 여전히 빛나는 청춘이다.

∞

이 정도는 끄떡없지.
잘하고 있다, 나 자신.
힘내자, 힘.

자주 오래 보자

"자주 오래 보자."

언제부터인가 내 사람들에게 입버릇처럼 꺼내는 말이다. 우리네 생애에서 하루가 작은 점이라면 소중한 인연들과 다채로운 추억을 촘촘히 이어 세상 아름다운 선 하나를 만들고 싶다. 훗날 아주 많은 나이를 품에 안고 햇살이 따스하게 비추는 한적한 공원에 앉아 커피를 마시며 그 선의 전반을 되짚어 볼 때, '그래도 인생 참 나름대로 잘 살았구나'라는 마음이 저절로 들 수 있도록.

"그러니까 우리, 자주 오래 보자. 해야 할 일이 많아서 바쁘더라도, 그래서 좀 피곤하더라도 말이야. 덧없이 흘러가는 청춘을 그저 바라만 보기에는 우리가 가진 낭만이 너무 아름답잖아. 인생은 생각보다 짧으니 틈틈이 애틋하고 다정하게 주어진 시절을 십분 즐기자."

번아웃을 극복하는 방법

하나, 꾸준한 운동으로 잡생각을 줄이기.

둘, 음식을 골고루 잘 챙겨 먹기.

셋, 밤에 너무 늦게 잠들지 않기.

넷, 친한 사람들을 만나서 시간을 보내기.

다섯, 바다나 산으로 마음을 정리하러 떠나기.

여섯, 실수나 실패를 좀 더 너그럽게 받아들이기.

일곱, 명상을 하며 스트레스를 다스리기.

여덟, 스스로의 한계치를 인정하기.

아홉, 무리하면서 나아지려고 하지 않기.

열, 지금의 상황이 인생의 전부가 아님을 인지하기.

성장통이라고 생각하자

 성가신 그 일이 당신에게 고통을 준다거나 그로 인해 상처를 입었다고 해서 세상이 무너지는 것은 아니다. 더군다나 그것이 평생의 흠이 되는 것도 아니고.

 아무리 값비싼 명품도 사용하다 보면 사용감이 남기 마련이다. 사람도 마찬가지이다. 살면서 다양한 일을 겪다 보면 경험이 남게 된다. 그런데 명품과는 달리 사람은 오히려 그런 시간이 쌓일수록 더욱 단단해진다. 그러니까 지금의 통증을 부끄러워하거나 창피해하거나 자신의 치부로 여기지 않았으면 한다.

 그냥 성장통이라고 생각했으면 좋겠다. 여러모로 더 크고 깊은 사람이 되기 위한 일종의 발돋움으로.

바다 보러 가자

 우리 이번 휴가에는 제주도 바다를 보러 가자. 버거운 마음이 도망칠 장소 하나쯤 만들어 놓고 사는 것도 나름 훌륭한 삶의 지혜일 테니까. 너무 많은 생각은 하지 말고 그냥 일단 떠나기로 하자.

 도착하면 우선 현무암 돌담이 다정하게 끌어안은 카페에 들러서 애월읍의 앞바다를 보며 콜드브루를 한 모금씩 마시면 좋겠다. 거기에 그림 같은 풍경을 감상하면서 서로의 감탄사를 무수히 주고받기도 하자. 그러다가 들뜬 마음이 좀 진정되면 가만히 앉아서 이 섬이 건네는 말에 귀를 기울여 보기도 하자.

 커피를 다 비우면 자리에서 일어나 바닷바람과 함께 해안 도로를 따라서 드라이브를 하자. 그 순간을 위해 아껴 두었던 노래를 틀고 가사를 흥얼거리면 좋겠다. 열린 차창 너머로는 수평선에 걸쳐진 몇몇 사람들이 각자의 방식으로 추억을 남기고 있을 거고, 그 위로 끝없이 펼쳐진 하늘에는 때마침 연분홍빛 노을이 물들고 있을 테다. 우리는 여지없이 그 감성에 취하고 말겠지. 하지만 크게 문제 될 것은 없다. 이런 것은 아무도 단속하지 않으니까.

얼마나 달렸을까. 날이 저물고 밤에 가까워지면 드라마에서나 듣던 사투리가 붐비는 횟집으로 들어가자. 거기서 싱싱한 회 한 점에 한라산 한 잔을 빌려 우리의 낭만을 들이켜자. 암울한 이야기는 접어 두고 되도록 밝고 재미있는 이야기를 많이 나누자. 그때만큼은 세상 어느 누구도 부럽지 않은 사람처럼 해맑게 웃으며 주어진 시간을 온전히 즐기면 된다. 어쩌면 그게 한동안 잃어버렸던 원래 우리의 모습일지도 모르겠고. 그렇게 마음속에 새겨질 아름답고 평화로운 제주의 밤을 후회 없이 오래도록 보내고 오자.

어여쁜 이름아. 나는 우리가 우리의 소중함을 의심하거나 상실하지 않았으면 좋겠다. 참지 않아도 되는 것을 몇 번이나 참아 내고, 아프지 않아도 되는 일을 수없이 아파하며 매일 똑같은 일상에 갇혀 지내지 않기를 간절히 바란다. 그러니까 가끔은 이렇게라도 도망가자. 꽤 괜찮을 것이다. 아무렴, 그렇고말고.

잠깐만, 그러면 우리 숙소로 돌아갈 때 운전은 누가 하지.

∞

하고 싶은 것을 할 수 있는 여유와

하기 싫은 것을 하지 않을 수 있는 용기가

당신 곁에 내내 머무르기를.

이만하면 제법 괜찮은 삶이겠다

누가 제일 좋아하는 음식이 무엇이냐고 물으면 나는 육회나 생선회라고 대답한다. 입맛이 없는 날에도 저 음식들을 보면 군침부터 돌곤 하니까. 그래서 애정이 가는 사람들을 만나면 종종 육회나 생선회를 먹으러 간다. 상대도 싫어하지 않는다면 내가 좋아하는 것을 같이 좋아하고 즐기는 것이 나의 낭만이라서. 아마도 인생의 여러 큰 행복 중에 하나랄까.

그러고 보니 좋아하는 음식과 사랑하는 사람들이 있어서 참 다행이다. 힘겨운 일상을 보내다가 그만 그 무게를 견디지 못해서 알 수 없는 것들에 짓눌려 있다가도 내 사람들과 맛있는 음식을 앞에 놓고 술잔을 비우고 있으면 도대체 언제 힘들었냐는 듯이 금세 기운을 차리곤 한다.

그러다가 어린아이처럼 순수하고 해맑게 웃기도 하고 때로는 감정에 이끌려 서럽게 울기도 하며 적당히 취해 마음속에 있는 진솔한 이야기를 꺼내 놓는 것. 그렇게 시간을 보내다가 아쉬움을 뒤로한 채 다음 약속을 기약하며 또다시 서로가 있어야 할 자리로 돌아가는 것. 어쩌다가 각자의 일이 바빠서 만남의 공백기가 길어질 때면 별일은 없는지, 도움이 필요한 것은 아닌지와 같은 다정한 안부를 전하는 것. 나는 이 모든 과정을 뜻깊게도 사랑한다. 제법 괜찮은 삶의 동기부여이자 원동력이다.

  나는 나의 인연들이 아픈 것이 진심으로 싫다. 그래서 나와 내 사람들이 우선적으로 건강하게 지낼 수 있었으면 좋겠다. 자주, 오래 웃으며 사랑스러운 이야기를 나누고 이따금씩 혼자서 감당하지 못할 정도의 기쁨을 떠안고 서로가 서로에게 좋은 기운을 나누며 살고 싶다. 한 번 사는 인생, 이만하면 미련도 후회도 없을 것 같다.

∞

내 사람들이 잘 지냈으면 좋겠다.
그리고 그들 곁에서 나 역시 잘 지냈으면 좋겠고.
나는 우리가 오래도록 단단하기를 바란다.

좋았던 날을 기억하기

힘들어서 힘든 날이 있다. 몸과 마음이 지쳐서 행동은 게을러지고 나태해지며 생각은 부정적이고 회의적이기만 한 날. 만약에 나 자신이 로봇이었다면 아마 방전이나 고장이라는 판정을 받았을 테지만 사람이라 그런 변명도 댈 수 없는 하루가 있다. 이게 참, 무슨 하루일까. 겪어 본 사람만 아는 그런 시간. 당신과 나 말고 또 공감할 수 있는 사람이 있으려나.

그런 의미에서 우리끼리 약속 하나만 하자. 살아 내는 것이 제법 벅찬 날에는 정말 좋았던 날을 회상해 보기로. 사람은 좋았던 기억으로 평생을 살아가기도 한다. 우리 안에 저장되어 있는 좋은 날의 추억에는 어떤 어려움도 이겨 낼 수 있는 아주 멋진 능력이 있다. 당신, 보기보다 아주 강한 사람이라는 뜻이다.

우리, 앞으로도 좋은 기억을 많이 만들고 간직하며 살자. 지금처럼 삶이 말썽을 부리는 날, 그때의 당신이 힘을 내서 또 나아갈 수 있도록. 넘어지고 무너지더라도 다시금 일어설 수 있도록.

∞

태어나서 당신만큼
미소가 잘 어울리는 사람을 본 일이 없다.
온 우주가 당신의 행복을 기원하고 있으니
지나친 걱정은 멈출 수 있기를.

하루의 끝에서

그런 느낌이 가슴에 스밀 때가 있다.

나는 가만히 있는데 주변은 빠르게 흘러가고 있는 것 같은 기분. 비슷한 시기와 상황에서 같이 출발한 친구들은 저마다 분주하고 부지런하게 자기 자리를 잘 찾아서 나아가고 있는데 나는 한쪽으로 기울어져 매번 같은 자리만 맴돌고 있는 것 같은 기분. 어디를 보나 세상 사람들은 각자의 위치에서 안정적으로 정착하고 있는데 나만 허전하고 불안한 마음으로 둥둥 떠다니고 있는 것만 같은 기분.

아주 우월하지는 않아도 그런대로 여태 잘하고 있는 줄만 알았는데 문득 그게 아닌 것 같고 공허하고 초라하며 한없이 작게 느껴지는 나 자신을 생각하니 눈물부터 차오르지만, 울음이 해답이 될 수 없다는 것을 이제는 너무나도 잘 아는 나이일 것이다. 자신감은 바닥을 치고 있고 자존감은 그 바닥을 뚫고 어두컴컴한 지하 어딘가에 박혀 있을 테다. 또, 아무리 좋은 말과 희망찬 다짐으로 스스로를 다잡고 다독여 보아도 괜찮아질 기미는 전혀 보이지 않을 것이고 무엇을 어디서부터 어떻게 해야 하는지 마주한 모든 상황이 막막하고 먹먹할 수도 있겠다.

  그렇다고 당신이 지금까지 열심히 살지 않은 것은 아닐 것이다. 정말 열심히 노력했음에도 애썼던 시간이 당신을 잠시 외면할 때도 있는 것이니까. 모든 것이 꼬이고 되는 일이 없는 요즘일 텐데 그럼에도 불구하고서 남들을 따라잡아서 더는 뒤처지지 않으려고 안간힘을 쓰고 있을지도 모르겠다.

  하지만 이럴수록 마음을 느긋하게 먹고 조바심을 버려야 한다. 진부한 말이지만 삶은 결국 마라톤이니까. 인생은 사람에게 먼 길을 원한다. 어설프게 현재 상황에만 급급하여 무리하다가는 얼마 가지 못해서 금방 다시 쓰러지고 만다.

  중요한 것은 결단력과 지구력이다. 자신의 페이스를 유지하며 쉴 때는 확실히 쉬고 나아갈 때는 부지런히 나아가면 된다. 그러니 지나치게 비교하고 초조해하거나 부러워하지 않았으면 좋겠다. 어쩌면 남들의 성공 사례는 당신을 그들보다 더 멀리 나아가게 하기 위한 아주 매력적인 연료가 될 테니까. 축하해 줄 것은 진심을 담아 축하해 주고 또 배울 것은 마음 깊이 새기자. 당신에게도 좋은 일이 생길 것이다. 고개를 들고 어깨를 펴자. 다가올 좋은 날을 당당하고 씩씩하게 맞이할 준비를 하자.

∞

마음이 흔들리지 않는 것이 중요하다.
외력보다 내력이 더 강하면
버텨 내고 끝내 이루어 내는 것이 사람이니까.
그래, 당신 말이다.

참 다행이다

 그런 사람들이 있다. 자기 자신보다 남을 더 챙기는 사람들. 분명히 자기 자신도 예민하고 지치고 무기력한 날이 있었을 텐데 겉으로 티를 내지 않고 본인의 몸보다 자기가 챙겨야 하는 사람들을 더 돌보려고 애쓰는 사람들. 남을 위한 마음은 수두룩하면서 정작 자기 자신을 위한 마음은 몇 안 되는 사람들. 가끔은 상대가 그 노고를 알아주지 않아서 서운함을 느끼며 상처도 받았을 것이고 마음과 달리 꼬이고 어긋나기만 하는 상황 앞에서 홀로 무너졌던 날도 있었을 텐데 그 모든 것을 그저 묵묵히 감당하고 인내했을 테다.

 오늘도 어딘가에서 자신의 이름이 아닌 다른 호칭으로 불리며, 있어야 할 자리에서 제 몫을 다 해내고 있을 당신에게 전하고 싶은 마음이 있다.

남을 살피는 일도 중요하지만 그만큼 자기 몸과 마음도 종종 돌아봤으면 한다고. 당신도 사람이고, 당신도 힘들 때가 있을 테니까. 남은 그렇게 잘 챙기면서 정작 본인의 아픔에는 무관심하고 전부 참아 내지 않았으면 좋겠다고. 부디 수시로 스스로가 잘 지내고 있는지 확인했으면 좋겠다. 안부는 남에게만 묻는 것이 아니니까.

보이지 않는 곳에서 남모르게 고생한 당신, 쉽지 않았겠지만 이렇게 잘 버텨 주어서 참 고맙다. 나는 오늘도 당신이 그 자리에 존재하고 있어서 참 다행이다.

지혜롭게 사는 방법

하나, 걱정을 멈출 것.

둘, 자주 표현할 것.

셋, 항상 겸손할 것.

넷, 자신을 사랑할 것.

다섯, 지금을 즐길 것.

여섯, 많이 경험해 볼 것.

일곱, 초심을 잃지 않을 것.

여덟, 나누고 베풀 것.

아홉, 게을리 생활하지 않을 것.

열, 정직하게 살 것.

그래야 좀 공평하지

아무리 할 것이 많고 바쁘더라도 중간중간 스트레칭으로 몸을 풀어 주기도 하고 물을 조금조금 마시기도 하자. 그리고 일과가 얼추 마무리되면 쌓였던 시간이 초기화되기 전에 자신을 위한 일 하나쯤은 하루에 꼭 집어넣기로 하자. 그래야 좀 공평하지.

하늘이 늘 우중충하지는 않은 것처럼, 당신에게도 지금보다 훨씬 더 괜찮은 날은 반드시 온다. 그러니 삶이 힘들어 모든 것을 포기하고자 하는 마음이 들 때면 아직 누리지 못한 즐거울 날들을 생각했으면 좋겠다. 그것이 또 당신을 유지할 테니 말이다. 아무쪼록 오늘도 살아 내느라 참 애썼다.

시름에도 하루가 있었으면 좋겠다

 지금 당신이 신음하고 있는 일은 아무래도 여전히 무수한 것들이 서로 뒤엉켜 있거나 풀어내기에 적절한 시기를 이미 놓쳤을 수도 있겠다. 그래서 복잡하고 부정적인 마음을 가지고 이렇게 또 지겹고 힘겨운 하루를 살아 냈을 것이다. 얼마나 고통스러운 시간을 보냈을까. 나 또한 비슷한 시간을 걸어온 사람으로서 그냥 단순히 '내일부터 괜찮아졌으면 좋겠다'라는 뻔한 위로의 말은 전하고 싶지 않다. 그런다고 괜찮아지는 데 큰 도움이 되는 것도 아닐 것이고.

 다만, 나는 당신의 시름에도 하루가 있기를 바란다. 내내 밝기만 하거나 어둡기만 하지 않았으면 좋겠다는 말이다. 어느 한쪽으로만 치우친 것은 무엇이든 해로운 법일 테니까.

이른 밤부터 싱숭생숭한 마음에 불길함을 느끼고 새벽이 다 가도록 아파하다가 충혈된 눈으로 아침을 맞이하더라도, 생각을 가다듬고 하루를 잘 시작했으면 좋겠다. 상쾌한 공기를 마시고 따스한 햇살을 받으며 당신이 있어야 할 자리에서 씩씩하게 그 몫을 다 해내자. 그리고 낮에는 제법 괜찮아진 것처럼 그저 다른 사람들과 별다른 것 없이 시간을 보내자. 그러다 보면 또다시 밤이 찾아올 텐데 그때 당신은 변함없이 아파해도 괜찮다. 하지만 적어도 어제보다는 차분해진 심정으로 살아가려고 애써 보자.

막연히 슬퍼하지 말라는 말이 아니다. 아파하고 슬퍼하다가도 밥도 먹고 사람도 만나고 어쩌다 웃기도 하고 잠도 자면서 조금씩 슬픔을 이겨 보려고 노력하자는 말이다.

우리, 괜찮아질 수 있다는 믿음을 가지고 행복을 포기하지 말자. 하루는 어떻게든 지나간다. 마찬가지로 당신의 힘듦도 어떻게든 지나간다. 그렇게 일주일, 한 달, 일 년. 적당한 시간이 지나면 알게 된다. 악착같이 버텨 온 지난날이 그저 헛되지는 않았다는 것을. 꿋꿋이 지내자. 지금의 문제도 나중에는 하나의 경험담이 될 테니.

∞

상황이 당신을 힘들게 할 수는 있으나

당신마저 당신을 힘들게 해서는 안 된다.

우울을 받아들일 수는 있으나

그것에만 빠져 있지는 말자.

쉽지 않더라도 당신은 당신을 챙겨야 한다.

오늘도 금방 지나갔다

 출간 예정일이 몇 달 앞으로 다가온 주말이면 특별한 약속이 있지 않은 한 카페에서 종일 글을 쓴다. 오늘도 정말 열심히 쓰고 있다. 아침 10시부터 밤 11시까지, 새벽 1시부터 3시까지. 그러니까 15시간.

 쓰고 지우고 고치기를 반복한다. 그러다 보면 눈에 힘이 풀리고 속도 메스껍고 손도 떨리고 다리도 후들거린다. 게다가 목, 어깨, 허리 구분 없이 묵직한 통증이 올라온다. 몸이 끊어지는 느낌이랄까.

 그럼에도 글을 쓰는 것이 좋고 이 일에 보람을 느낀다. 누군가에게는 별 볼 일 없는 문장으로 그칠지 모르겠지만, 분명 어떤 이들에게는 간절하고 절실한 위로가 된다는 것을 알기에. 그 위로가 그들이 다시금 세상을 살아가게 하는 원동력이 될 수 있음을 알기에.

나는 내 사람들이 정말 잘 지냈으면 좋겠다. 여기서 내 사람들이라고 하면 좁게는 자주 연락을 주고받는 사람들이고 넓게는 나를 믿어 주고 내 글을 사랑해 주는 사람들이다. 내가 좀 힘들어도 그들이 잠시나마 마음의 짐을 내려놓고 용기를 품을 수 있다면 그걸로 됐다. 그래, 그거면 됐다.

　지금까지 그래 왔던 것처럼 앞으로도 글을 쓰는 일을 멈추지 않을 생각이다. 더는 쓸 수 없을 때까지 끊임없이 쓰며 낡아지고 싶다. 나의 독자들을 위해서라도 꼭 그럴 것이다. 비록 이름도 얼굴도 모르지만 멀리서 나를 알아주는 독자들과 함께 오래된 책처럼 바래지고 싶다. 나는 그런 내가 되기로 했다. 그들이 있어서 내가 존재할 수 있음에 늘 감사한 마음이다. 고마운 모든 이들에게 보답하기 위해서 오늘도 문장과의 혈투를 벌이고 있다.

∞

어느덧 시침은 3을 가리킨다.

후유, 오늘도 참 금방 지나갔다.

기분이 설레는 순간들

 기분 좋은 꿈을 꾸고 일어날 때. 개운한 기지개를 켜고 눈을 비빌 때. 좋아하는 사람에게 연락이 와 있을 때. 밖으로 나서자마자 싱그러운 계절 향기가 코끝을 스칠 때. 화창한 날씨에 햇살이 포근하게 느껴질 때. 평일 오전 한가로운 공원을 거닐 때. 노부부가 서로의 손을 꼭 맞잡고 걷는 모습을 봤을 때. 신호등이 딱 맞춰서 초록 불로 바뀔 때. 방금 나온 빵을 봉투에 한가득 담을 때. 골목길에서 마주친 고양이가 사뿐사뿐 다가올 때. 맛있는 케이크를 입안 가득히 넣을 때. 카페에서 우연히 마주친 아기가 눈웃음을 지어 보일 때. 들뜬 마음으로 휴가 계획을 짤 때. 가장 친한 친구와 막힘없이 생각이 통했을 때. 여행을 떠나기 전에 마음에 드는 옷을 샀을 때. 캐리어를 끌고 공항을 향할 때. 모래사장에 앉아 멍하니 파도

소리를 들을 때. 문 앞에 택배가 도착했다는 문자를 받았을 때. 보고 싶었던 영화가 개봉했을 때. 영화가 시작하기 직전에 영화관 불이 서서히 꺼질 때. 소문난 맛집을 기다리지 않고 들어갈 때. 방금 나온 생맥주를 한바탕 들이켜고 미간을 찌푸릴 때. 노래방에서 왠지 노래가 잘 불릴 때. 기다리던 일이 좋은 소식으로 돌아왔을 때. 길에서 귀여운 강아지와 마주쳤을 때. 예쁘게 핀 꽃을 감상할 때. 바닥에 떨어진 바삭한 낙엽을 밟을 때. 눈이 소복이 쌓인 날 아무도 밟지 않은 길 위에 발자국을 찍을 때. 퇴근이 얼마 남지 않은 시간에 집으로 돌아갈 생각을 할 때. 지는 노을에 물든 구름의 색과 모양이 참 예쁠 때. 지친 하루를 위로하고 응원하듯 때맞춰 가로등이 켜질 때. 하루를 정말 열심히 살았다고 느낄 때. 이유를 모르게 갑자기 자신과 희망이 차오를 때. 따뜻한 물에 몸을 씻고 푹신한 침대에 몸을 던질 때. 주식이 올랐을 때. 잔잔한 빗소리가 창밖에서 들려올 때. 냉장고에 썰어 둔 맛있는 제철 과일을 먹을 때. 공허한 기분에 사로잡힌 날 문득 친구가 온다고 했을 때. 다이어트 생각은 잠시 미루고 주문한 야식을 기다릴 때. 차분하고 시원한 새벽 공기를 들이마실 때. 푹 빠진 노래를 반복해서 들을 때. 우연히 읽은 글귀가 위안이 되었을 때. 누워서 유튜브를 보며 웃을 때. 소중한 사람에게 준비한 선물을 건넬 때. 정성스럽게 쓴 손 편지를 받았을 때. 생각지도 않은 행운이 찾아왔을 때. 그간의 걱정이 싹 해결되었을 때. 밤새 좋아하는 사람과 전화할 때. 사랑하는 사람이 기뻐하며 웃을 때. 내일이 쉬는 날일 때. 지난밤의 우려와 달리 아침에 오히려 몸무게가 줄었을 때. 내가 나인 것이 참 다행일 때.

∞

이 밖에도 기분 좋은 일은 셀 수 없이 많다.
바꾸어 말하면
당신이 행복감을 느낄 수 있는 여지가 이렇게나 다분하다는 말이다.
그러니 너무 슬퍼하지 않기를.

내일은 더 행복해야지

요새 하루하루가 어떻게 지나가는지 잘 모르겠다. 아침에 일어나 씻고 출근할 준비를 한다. 사무실에 도착해서는 커피를 한 잔 내리고 일을 시작한다. 정오에 가까운 시간에 점심을 먹고 다시 남은 업무를 보다가 기지개를 켜고 한숨을 돌리면 어느새 해가 저물고 있다. 하루가 참 순식간이다. 퇴근길에는 항상 음악을 듣는다. 최근에 푹 빠져 버린 노래가 있는데 비록 출근길에도 함께했지만 몇 번을 들어도 질리지 않는다.

그렇게 집에 돌아와 저녁을 먹고 또 한 잔의 커피를 마신다. 이 정도 카페인이면 바빴던 하루와 타협하기에 나쁘지 않다. 그러다 문득 멍한 기분이 든다. 때는 이때다 싶었는지 잡념이 여기저기서 수다를 떨기 시작한다. 들으나 마나 인생과 인간관계에 관한 이야기를 늘어놓을 것이 뻔하다.

원한 것은 아니었지만 그 소란함을 얼마나 듣고 있었을까. 어딘가 복잡한 마음에 집 앞 공원을 나선다. 혼자서 제법 무거운 생각을 한참 끌었다. 송골송골 맺힌 땀방울. 역시 마음이 답답할 때는 몸을 움직이는 것이 최고인 것 같다. 집으로 돌아와서 따뜻한 물에 샤워를 하고 젖은 머리를 말린다. 가끔은 넘쳐 버릴 것 같은 이 위태로운 감정도 좀 말릴 수 있다면 참 좋겠다는 엉뚱한 생각을 해 본다.

요새 흥미를 느끼고 있는 위스키 한 잔을 따라 놓고 잔잔한 피아노 선율과 은은한 향으로 공간을 가득 채운다. 그리고 의자에 앉아 오늘도 글을 쓰기 시작한다. 내가 늘어놓은 감정에 누군가가 공감을 하고 위로를 받는다는 것이 참 감사할 따름이다. 나의 진심으로 누군가의 하루를 안아줄 수 있다면 이 마음 얼마든지 낭비하며 살고 싶다.

얼마나 썼을까. 눈꺼풀이 두 눈을 반쯤 내리덮는다. 시간은 벌써 3시를 넘겼다. 오늘은 이만하면 됐다. 불을 끄고 침대에 눕는다. 뜬금없고 주책이지만 왠지 오늘 같은 날이면 그때 그 사람에게 갑자기 연락이 왔으면 좋겠다는 헛소리를 한다.

'내가 미쳤지. 정말 미친 거야.'

벽 쪽으로 돌아누워서 눈을 질끈 감는다. 이불을 턱 끝까지 잡아당기며 다짐한다.

"내일은 더 행복해야지."

마음도 내가 잘 지내길 바라는지 따라서 말한다.

'그래, 내일은 더 행복해야지.'

∞

조금씩 모든 것들이 느려진다.

오늘은 좋은 꿈을 꾸고 싶다.

오늘은 꼭 좋은 꿈을 …….

여러 겹으로 이루어진 마음

당신의 마음을 지키는 생각들이 여러 겹이었으면 좋겠다. 그래서 어쩌다가 갈라지고, 해어지고, 찢어지고, 벗겨져도 깊은 마음마저 다치는 일은 없었으면 좋겠다. 스스로를 고생시키는 것들을 이제는 좀 내려놓자. 결국 멀리 보고 넓게 보면 그렇게 큰일은 아닐 테니까.

나는 당신이 괜찮은 척이 아니라 정말 괜찮았으면 하고, 웃는 척이 아니라 진심으로 웃었으면 하고, 좋은 척이 아니라 진짜 좋았으면 하고, 행복한 척이 아니라 진정 행복했으면 한다.

그런 척의 연기로 자기 자신의 감정을 숨기고 포장하는 것이 아닌 진솔한 안락 그 자체가 되어 잘 지낼 수 있기를 오늘도 이렇게 간절히 바라고 있다.

∞

사람이든 상황이든

너무 믿지 말고, 쉽게 의지하지 말고.

과히 자만하지 말고, 많은 마음 주지 말고.

다치지 않았으면 좋겠다. 그렇게 잘 지내기를.

귀띔

 남들 눈에는 게을러 보이고 그저 허황된 꿈만 품고 살아가는 것처럼 보일지 몰라도 실은 더 잘하고 싶은 마음에 섣불리 결정하지 못하고 있는 당신이라는 것을 잘 안다. 또, 아무렇지 않은 척을 해도 겉만 보고 아무렇게나 아무 말을 내뱉는 사람들의 말에 상처도 깊게 받는 당신이라는 것도 잘 알고. '괜찮다', '이제는 익숙하다'라고 되뇌며 흔들리는 스스로를 다그쳐 단단히 잡은 적도 있었겠지만, 어떻게 상처받는 것이 괜찮고 익숙해질 수 있을까. 그냥 견디고 있고 버티고 있는 것일 테지.
 '내일은 더 나은 하루를 보내야지' 하면서도 어제보다 못한 하루를 보낸 적도 많았을 것이다. 그럼에도 불구하고 포기하지 않으며 꿈을 좇아 계속 나아가고 싶은 마음이 생기는 이유는 아마도 세상이 당신에게 귀띔을 해 주고 있기 때문은 아닐까. 당신은 결국 해낼 사람이니 포기하지 말아 달라고 말이다. 비록 아직은 어설프고 서투른 부분이 많지만 스스로에게 '오늘도 그만두지 않고 잘 살아 냈다'라고 말해 줄 수 있는 당신이 되기를 바란다. 세상의 입장에서 당신은 계획대로 잘 나아가고 있다.

2장
아플 대로 아팠을 거고

사람을 좋아하지만
사람에게 쉽게 상처받는 당신에게

∞

외로이 마음을 쓰다 보면 때로 아플 수 있다.
괜찮다, 아무것도 아니다.

상처받은 사람에게

 차가운 세상에 혼자 남겨진 기분일 테고, 공허한 마음과 더불어 많은 것들이 잘못되고 있음을 느끼고 있는 불안한 당신에게. 이 글을 쓰는 나 또한 비슷한 시간을 먼저 지나와 다행히 이제는 나름대로 괜찮아진 하루에 서 있는 사람으로서 조심스럽지만, 간절히 전하고 싶은 마음이 있다.
 '다 괜찮다고. 더 좋아지고 나아질 것이라고. 힘을 내서 하루하루를 잘 버티어 나가자고. 한때 나의 아픔이 그랬던 것처럼 당신의 아픔도 틀림없이 아물 것이라고. 그러니까 자기 자신을 잃어 가면서까지 아파하지는 말자고.'
 물론 시간이 한참 지나더라도 말끔히 없어지지 않는 흉터가 있지만, 그래도 세월이 흐르면 뚜렷했던 아픔은 상당 부분이 희미해지고 바래지기 마련이다. 아마도 잠시 잊고 있었겠지만, 우리에게는 찾아온 어려움에 탄력적으로 대처하고, 적응하며 끝내 그 역경을 극복해 낼 힘이 있다. 그렇기에 당신에게도 지금의 힘듦을 이겨 낼 수 있는 순간이 예외 없이 오고야 말 것이다. 나는 부디 그때까지 당신이 잘 견뎌 냈으면 좋겠다. 그리고 그 과정이 생각보다 덜 외롭고, 기다린 만큼 값지기를 성심을 다하여 바란다.

세상 어느 누구에게나 살아 내는 것이 서투르고 벅차다고 느껴지는 순간은 있다. 아무래도 다들 이번 생은 처음일 테니까. 그러나 간절히 원한다면, 어떠한 버거운 시간이라고 할지라도 결코 당신의 바람을 거스르지는 못할 것이다.

그런 의미에서 절실히 원하자. 지금이 아주 엉망이어도 상관없다. 그저 나 자신에게도 안온한 나날이 어서 오기를 끊임없이 소망하자. 그런 마음으로 기다리다 보면, 당신도 모르는 사이에 상처가 아물어 있을 것이다.

∞

왠지 좋은 예감이 든다.
예전처럼 당신이 다시금
즐겁게 웃을 수 있을 것만 같은 확신이.

아무도 관심이 없다고 해도

 내가 요즘 잘 살고 있는 것이 맞나 싶을 정도로 인간관계에서 회의를 느꼈던 적이 있었다. 보낸 연락에 하염없이 답장을 기다렸던 일도, 혹시나 말실수를 하지는 않았는지 가슴을 졸였던 일도, 친하다고 생각했던 사람들에게 문득 거리감을 느꼈던 일도, 대답 없는 대답에 혼자서 관계를 정리해야 했던 일도. 마치 세상에 혼자 남겨진 기분이다. 나는 사람이 좋은데 사람이 어렵기만 하다. 그냥 다들 이렇게 사는 것이라고, 단지 타인에게 티가 나지 않을 뿐이라고 스스로를 위로해 보지만 감정을 타이르는 일이 쉽지 않다.

 인간관계를 겪다 보면 예고 없이 찾아오는 사람도 있었고 경고 없이 떠나가는 사람도 있었다. 그리고 그런 관계는 개인의 힘으로 어찌할 수 없었던 경우가 대부분이었다. 그런데 그 운명을 끝없이 거부하고 부정하다 보니 결국 정신적으로 피폐해지게 되더라.

사람을 사귀는 일이 그렇다. 지나치게 의식하고 집착하고 온통 상대에게 정신이 고착되어 있으면 잘될 인연도 멀어지게 된다. 반면에 그냥 자기 할 일을 열심히 하면서 현실에 순응하고 자신이 가진 고유의 분위기를 지키며 살다 보면 이런 모습을 좋아해 주는 사람이 어디서 나타나게 된다.

그래서 혹시나 전에 내가 겪었던 아픔을 지금 당신이 겪고 있다면 꼭 말해 주고 싶다. 가는 사람을 너무 잡지 말고 오는 사람도 너무 막지 말라고. 당신 곁에 머무를 사람들은 정해져 있으니 너무 애쓰지 말라고. 인간관계에 너무 힘들이지 말고 자연스럽게 만나고 헤어지라고. 당신도 참 매력적인 사람이라는 것을 잊지 말라고.

∞

아무도 당신의 공허함에 관심이 없다고 해도,

그 공백이 다시금 채워질 날을 고대하며

나는 당신을 여전히 응원한다.

씩 웃어 버리자

 오늘 문득 당신 생각을 했다. 온종일 표정 없는 얼굴을 하고서 가까스로 하루를 버틴 것은 아닌지 내심 걱정이 되어서. 누가 겪어도 쉽지 않은 시기를 지나가고 있는 당신에게 꼭 당부하고 싶은 것이 있다. 부디 당신이 당신의 신세를 너무 가엾게 여기지 않았으면 좋겠다고. 왜냐하면 당신은 단순히 불행한 것이 아니라 단단히 행복해질 준비를 하는 중이니까. 앞으로 다가올 날들은 뒤로 지나간 날들보다 훨씬 더 좋은 시간일 것이다. 그러니 잠깐이라도 짬을 내어 씨익 웃어 보자. 마치 앞으로의 행복을 다 알고 있는 사람처럼.

이런 것들이 있었구나

 사람이 일상을 보내면서 다치지 않을 수는 없다. 누구나 마음에 상처를 받으며 살아가게 된다. 그래서 우리에게는 다치지 않으려는 고집이나 집념보다는 다치더라도 그것을 유연하게 흘려보낼 수 있는 현명함이 필요하다.

 흔히 사람들은 마음의 부상을 대수롭지 않게 여기는 경향이 있다. 아픈 부위가 겉으로 드러나지 않을뿐더러 얼마든 숨길 수 있기 때문일까. 심지어 회복이 필요한 당사자조차 냉정하고 현실적인 이유를 들이밀면서 스스로를 나무라는 경우도 많다. '이까짓 일은 별것 아니야', '내가 예민한 거야', '지금 이럴 때가 아니야', '남들도 다 겪는 일이야', '유난을 떨지 말자'라고 하면서. 물론 이렇게 평정심을 되찾고 좀 쓰리더라도 그냥 넘겨 버리는 사람도 있겠지만 이런 방법이 분명 모든 사람에게 적용되는 이야기는 아닐 것이다.

사실 마음의 상처는 눈에 보이는 상처와 별반 다르지 않다. 우리가 외상을 입었을 때 소독을 하고 약을 바르고 밴드도 붙이는 것처럼, 마음이 다쳤을 때도 소란한 것들을 정리하고 좋은 것들을 많이 보고 듣고 푹 쉬기도 해야 한다. 감정을 늘 이기려고만 하지 말자. 피치 못할 사정으로 억눌러야 할 순간도 있겠지만 대부분 져 주고 그래도 된다.

마냥 행복할 것만 같은 삶에도, 전혀 그렇지 않아 보이는 사람에게도 보이지 않는 흉터는 존재한다. 어느 누구나 그런 자국 하나쯤은 품고 살아간다. 그러니까 자신의 아픔을 다그치지 않았으면 좋겠다. 모두에게 그렇듯이 그 감정은 잠시 당신 곁에 머물며 관심을 필요로 하다가 이내 아물 테니까. 혹시 요즘 들어 부쩍 작은 일에도 기분이 쉽게 상한다면 아마도 마음속의 상처가 덧나서 그런 것일 수도 있다. 보이지 않는 아픔도 잘 관리해야 한다. 마음을 감싸고 달래자. 자주 들여다보고 관심을 가지자.

'아, 내 마음에 이런 것들이 있었구나.' 하고.

사람을 대할 때 필요한 마음가짐

하나,   얼마든지 나와 다를 수 있다.

둘,   누구든지 나를 싫어할 수 있다.

셋,   나의 진심이 전해지지 않을 수 있다.

넷,   나의 의도가 왜곡될 수 있다.

다섯,   남에게는 내가 우선이 아닐 수 있다.

여섯,   나의 호의가 부담스러울 수 있다.

일곱,   때때로 나 역시 틀릴 수 있다.

여덟,   나의 말과 행동이 상처가 될 수 있다.

아홉,   친한 사이라도 배신을 당할 수 있다.

열,   언제든 사람에게 상처를 받을 수 있다.

그만 다쳤으면 좋겠다

 어떤 사람들이 당신에 대해서 함부로 말을 하고 업신여기며 비아냥거리다면 그냥 그러라고 하면 된다. 그들의 입맛대로 만들어진 오해에는 일말의 관심도 주지 말고 그대로 가만히 두면 된다. 어떤 오해는 오해하고 싶어서 생겨나기도 하니까. 당연히 참으면 안 되는 부분까지 참아서는 안 되겠지만 터무니없는 말들까지 일일이 민감하게 반응하지 않았으면 좋겠다. 그까짓 사람들의 섣부르고 무책임한 판단은 당신이 감당하지 않아도 되는 부분이다.

 또한, 그런 사람들에게 굳이 당신이 얼마나 좋은 사람인지 부연 설명을 하지 않아도 된다. 당신을 좋아하는 사람들에게는 그럴 필요가 없을 테고, 당신을 싫어하는 사람들은 어차피 말을 듣지도 믿지도 않을 것이며 어떻게든 당신의 흠을 찾아내려고만 할 것이다. 그리고 애초에 당신의 가치를 짧은 시간에 말로 증명한다는 것 자체가 불가능한 일일뿐더러 그들이 잘 알 수 있도록 아무리 차근차근히 밝히며 말해 주어도 전혀 알아듣지 못할 것이다.

당신은 참 소중한 사람이다. 그래서 대응할 가치도 없는 왜곡에 쉽게 흔들려야 할 사람이 아니다. 그러니 미련 없이 무시해 버리자. 이왕이면 예쁘고 따뜻한 말들에 더 집중하며 지내자. 그러다가 과하게 선을 넘는 비난에는 떳떳이 맞서며 목소리도 시원하게 내면서 살자.

나는 당신이 그만 다쳤으면 좋겠다. 마음속에 일방적으로 생겨나는 상처들이 그만 멈췄으면 좋겠다. 절대 사람과 상황으로부터 받은 아픔을 자신이 아닌 남의 입장에 서서 합리화하지 않았으면 좋겠다. 당신은 당신으로부터 가장 먼저 보호를 받아야 한다.

세상에 아파도 되는 사람은 없다. 아파도 되는 이유도 없다. 그러나 당신이 행복해야 할 근거는 많다. 위축되지 말고 당당해지자. 사람을 좋아한다고 해서 모든 사람에게 좋은 사람일 필요는 없다.

8

말해 주고 싶었다.

당신이 얼마나 소중한 사람인지를.

어느 날 갑자기 당신이 심하게 다치거나

이 세상에서 사라진다면

얼마나 많은 사람들이 슬퍼하게 될지를.

당신, 진심으로 귀한 존재이다.

다른 무엇과도 견줄 수 없을 만큼.

그냥 말해 주고 싶었다.

모르고 있는 것만 같아서.

소문은 소문일 뿐

 두 사람이 모이면 소문이 생긴다. 그리고 소문은 더 많은 사람들의 입에서 입으로 빠르게 전파된다. 그중에 어떤 소문은 크게 부풀려지기도 하고 때로는 새롭게 생겨나기도 한다. 사실 여부와 앞뒤의 이해관계를 떠나서 그것이 마치 절대적인 진실인 양 받아들여지기도 한다. 그래서 어떤 사람들은 맹목적으로 떠도는 오해만 믿고 눈과 귀를 닫으며 누군가를 불편해하고 증오하기도 한다.

 나도 이와 같은 일을 겪은 적이 있었다. 아마도 나를 아니꼽게 보거나 싫어하는 사람이었을 것이다. 정말 내가 하지도 않은 일을 가지고 왜곡된 부분이 있다는 것을 설명했음에도 자기가 믿고 싶은 대로만 믿으려고 했던 사람이 있었다. 과열되는 감정의 끝에서 결국 주변 사람들의 중재로 일단락되었지만, 그때 나는 본능적으로 알 수 있었다. 그 사람은 여전히 나를 믿지 않고 있고 그런 사람을 붙들고 진실과 진심을 호소하는 일은 그리 대단한 의미가 없다는 것을.

그 이후부터는 인간관계에서 발생하는 터무니없고 얼토당토않은 마찰에 무리한 힘을 낭비하지 않는다. 또한, 나와 결이 다른 사람에게 너무 모질게 굴지 않고 똑같이 흥분하지 않으며 종종 웃어넘기곤 한다. 이겼다고 해서 이긴 것이 아니고 졌다고 해서 진 것이 아님을 알기 때문에. 어차피 시간이 지나면 내 곁에 남을 사람들만 남아 있을 텐데 지난날에는 뭐가 그토록 아쉽고 억울해서 모든 관계에 연연했을까. 그렇게까지 개의치 않아도 되었을 사람들인데.

말은 그 문장 하나하나에 엄청난 힘을 지니고 있다. 그래서 대화를 나눌 때는 항상 신경을 써야 한다. 그 주제가 민감한 내용이라면 더더욱 주의해야 한다. 전달하는 내용이 객관적인 사실인지, 벌어진 상황에 꼭 필요한지, 당사자에게 상처나 피해를 줄 수 있는 여지는 없는지. 이것에 무지한 사람과의 대화는 참 영양가가 없다.

∞

말에는 마음이 들어 있고 마음에는 생각이 묻어 있다.
그리고 어떤 생각은 누군가의 마음에 지워지지 않는 얼룩이 되기도 한다.

그럴 필요가 없는 사람들

 그럴 필요가 없는 사람들이 있다. 그러니까 스트레스를 받아 가면서까지 마음을 쓰지 않아도 될 사람들. 이를테면 남을 이용만 하는 사람, 가식적이고 위선적인 사람, 배신을 일삼는 사람, 마음을 가지고 장난을 치는 사람, 사람을 함부로 대하는 사람, 아무렇지 않게 선을 넘는 사람, 양심의 가책을 느끼지 못하는 사람, 사과를 할 줄 모르는 사람 등등.

 요새는 이렇게 인상을 찌푸리게 만드는 사람들을 이해하려고 애쓰기보다는 그냥 포기하려고 하는 편이다. 어차피 노력으로 개선될 이들도 아니고 굳이 내가 나의 마음을 쓰며 그럴 필요도 없기 때문에. 고작 그런 사람들에게 애먼 감정을 낭비할 시간에 나를 더 생각해 주고 내가 아끼는 사람들을 위해서 살아가려고 한다. 백번 생각해 보아도 이것이 맞는 것 같다. 그럼, 그렇고말고.

사람으로부터 느끼는 것들

하나, 　사람은 쉽게 변하지 않는다.

둘, 　　틀어질 관계는 결국 틀어진다.

셋, 　　모두를 챙기려고 하면 아무도 챙기지 못한다.

넷, 　　남을 사람은 남고 떠날 사람은 떠난다.

다섯, 　무조건 잘해 준다고 좋은 것이 아니다.

여섯, 　맞추어 가는 것도 한계가 있다.

일곱, 　내려놓으면 편한 부분도 많다.

∞

사람 참,

좋으면서도 아프고 간단하면서도 어렵다.

당신은 누군가의 자랑이자 자부심이다

어떠한 경우에도 자기 자신을 함부로 업신여기지 않았으면 좋겠다. 당신은 당신을 사랑하는 사람들의 자랑이자 자부심이다. 그래서 당신이 스스로를 보잘것없다고 여기는 것은 당신에게 연결된 그 수많은 진심을 하찮게 보는 것과 다를 바가 없게 된다.

나중에 후회하지 말고 이제부터라도 자기 자신을 더욱 아끼기를 바란다. 한시라도 깜빡하지 않기 위해서 주기적으로 부지런히 말해 주자.

'나는 참 괜찮은 사람이다'

'나는 참 예쁘고 멋진 사람이다'

'나는 참 좋은 사람이다'

'나는 참 귀한 사람이다'라고.

그래도 된다. 이것은 영원히 변하지 않는 자명한 사실이니까.

혹시나 하는 마음에 다시 한번 더 말한다. 절대 잊지 않기를 바란다.

당신은 당신의 사람들에게 자랑이자 자부심이라는 것을.

∞

나는 당신이 주인공처럼 잘 지냈으면 좋겠다.

어른 아이에게

 어릴 때는 그냥 그런 줄만 알았다. 나중에 어느 정도 나이를 먹고 어른이 되면 인간관계나 사회생활에서 쉽게 상처받지 않고 누구보다 근사하게 마냥 행복한 삶을 살 줄 알았다. 그런데 막상 어른이라는 나이가 되어 보니 꼭 그렇지는 않더라. 그저 현실과 끝없이 타협하며 점점 감정을 숨기는 요령만 늘게 되더라.

 어른이 될수록 넘어지는 것에 대한 두려움이 커진다. 어릴 때는 넘어져도 한바탕 엉엉 울어 버리고 금방 아무렇지 않은 듯 다시 일어났던 것 같은데 지금은 넘어지게 되면 눈물도 잘 나오질 않고 씩씩하게 일어날 용기도 현저히 줄었다. 정말이지 멋지게 살아 낸다는 것은 쉽지 않더라. 좀 웃긴 말이지만, 어른에게도 어른이 필요하더라. 그러니까 너무 애쓰며 성숙해 보이려고 하지 않아도 된다고. 펑펑 울어도 되고 살짝 유치해도 된다고.

울지 말라는 말보다 울어도 된다는 말이 더 듣고 싶은 요즘. 이제는 울음을 이해받는 일도 쉽지 않다. 힘내자, 우리.

∞

언제나 행복만 할 수 없다면
부디 무너지지 않을 만큼만
불행했으면 좋겠다는 생각을 한다.
그리고 마음속 가장 고요한 곳에서
알고 있는 모든 따뜻한 단어들을 동원해
간절하고 절실하게 바라 본다.
다치지 않기를. 다쳐서 아프지 않기를.
아파서 힘들지 않기를. 힘들어서 서럽지 않기를.

보이는 것이 다가 아니다

 우리는 SNS가 정말 잘 발달되어 있는 시대에 살고 있다. 그러다 보니 남들이 사는 이야기를 어렵지 않게 접하곤 한다. 당장 인스타그램만 보아도 무수한 사람들이 자신의 삶을 말하고 있는데 그중에 누군가는 자신이 가지고 있는 우월하거나 특별한 것을 대놓고 과시하거나 혹은 은근히 티를 내기도 한다. 그래서 어떤 이들은 그런 삶을 사는 사람들을 보며 부러움을 느끼고 시기와 질투를 하며 상대적 박탈감이나 거부감을 느끼기도 한다.

 당연히 지금 여기서 자신이 가진 것들을 내세우거나 뽐내는 사람들이 잘못되었다거나 틀렸음을 말하고자 하는 것은 아니다. 다만, 그런 사람들을 보며 자신이나 자신의 상황을 탄식하거나 하찮게 여기지 않기를 바라는 마음이다.

어느 누구나 그 이면에는 타인에게 말하지 않은 의외의 이야기를 하나쯤 가지고 있다. 그러니까 섣불리 남의 하이라이트와 자신의 비하인드를 비교하지 않았으면 한다. 여실히 보이는 것이 다가 아니니까. 그런 잘못된 비교는 사람을 점점 허름하고 황폐하게 만들 뿐이다. 하이라이트만 놓고 보면 당신도 얼마나 멋지고 예쁜데. 그냥 보고 '그렇구나', '이런 사람도 있구나' 하며 넘기면 된다.

∞

아마도 적지 않은 수의 피드가
현생보다 더욱 그럴듯하게 보이고 있을 테다.

나를 사랑하기로 했다

 만족한 점은 만족한 대로, 부족한 점은 부족한 대로. 그냥 있는 그대로의 나를 받아들이기로 했다. 열등감과 자격지심을 품고 남의 삶을 어설프게 흉내 내며 부러워하기보다는 소중한 나의 삶을 인정하고 씩씩하게 살아 내는 것이 몇 배는 더 값지고 근사하다는 것을 이제는 알기에.

 행복도 연습하면 된다더라. 그래서 나는 나의 행복을 열심히 연습하기로 했다. 잊지 않아야지. 나의 행복은 오롯이 나만을 위한 것이 아니라는 것을. 내가 건강하고 즐겁게 잘 지내는 것이 나를 생각하는 사람들의 행복도 지키는 일이라는 것을. 언제나 명심하고 스스로를 아껴야지.

 바닷물이 썩지 않는 이유는 그 안에 녹아 있는 3%의 소금 때문이라고 한다. 어쩌면 사람도 마찬가지이지 않을까. 알게 모르게 스스로를 간절하고 소중하게 생각했던 3%의 마음이 험난한 세상으로부터 매일을 살아낼 수 있도록 만든 것일지도 모른다. 사실 아닌 척을 했어도 나는 나의 기쁨을 제일 기뻐하고 나의 슬픔을 제일 슬퍼했던 것이겠지. 그만큼 누구보다 나라는 사람에 진심이었던 것이겠지.

이 글을 쓰는 나도, 이 글을 읽는 당신도. 우리 각자의 행복을 잃지 말자. 가끔은 서로의 행복을 모아 더 큰 행복을 만들자. 그렇게 스스로를 애틋하게 사랑하며 살자.

∞

내가 나를 아끼고 존중해야
불행도 나를 함부로 대하지 않더라.

견고해지고 있다

 나이가 늘수록 사람의 마음을 구별하는 힘도 같이 늘었다. 그러니까 몇 번 만나 보면 나를 흔들었던 그 말의 출처가 진심이었는지 가심이었는지, 나를 실망시켰던 그 행동이 당시의 최선이었는지 차선이었는지 어느 정도 알 수 있게 되었다. 비록 나에게 들려주던 말들이 진심이 아니었고 나에게 보여 주던 행동들이 최선이 아니었음을 알면서도 애써 그것들을 모조리 외면하며 놓지 못했던 사람도 있었지만.

 좋았다면 추억이고 나빴다면 경험이라는데, 결국에는 느껴지더라. 그 사람이 나에게 추억이었는지 경험이었는지. 설령 경험이었다고 해도, 오랜 밤을 빌려서까지 슬퍼하고 아파했다고 해도 그 시절의 나를 원망하거나 후회하지는 않는다. 그런 시간을 살았던 내가 있었기에 이런 시간을 살고 있는 내가 있을 수 있는 것이니까.

    어떤 사람으로 인해 당신이 겪어야만 했던 힘듦은 얼마든 미워해도 되지만 한때 그 모든 순간을 사랑했던 자기 자신마저 미워하지는 말자. 그것은 참 멋이 없는 일이니까. 벌어진 일에는 나름의 이유가 있고 마주한 결과에는 스스로를 더욱 단단하게 만드는 깨달음이 존재한다. 시련을 좀 겪었다고 해서 무너지는 것만은 아니다. 오히려 당신은 이 순간에도 더더욱 견고해지고 있다.

∞

마음을 다 써 보는 것도 좋다.
그러면 대부분 드러나니까.
좋은 사람인지, 좋지 않은 사람인지.

쉽게 무너지지 않으려면

하나, 작은 것에 예민하게 반응하지 않기.

둘, 밝고 희망찬 생각을 하려고 노력하기.

셋, 행복을 서두르지 않기.

넷, 안심하고 마음에 여유를 가지기.

다섯, 스스로에게 위로를 건네기.

여섯, 아름다운 것을 눈여겨보기.

일곱, 좋아하는 것을 더 좋아하기.

∞

마음아, 오늘도 잘 지내보자.

모든 말을 담아 둘 필요는 없다

 그런 사람이 있다. 다른 사람이 무책임하게 던진 말에 쉽게 상처받고 아파하고 슬퍼하는 사람. 옆으로 빗나가거나 주변에 떨어진 말까지 모조리 주워 담으며 좌절하고 절망하고 무너지기 일쑤인 사람. 무심하게 흘려버려도 될 만한 말도 기어이 곱씹고 되새기다가 남은 하루를 엉망으로 보내는 사람. 정말 그럴 이유와 필요가 없음에도 말이다.
 엄연히 말이라고 해서 다 같은 말은 아니다. 어떤 말은 두고두고 간직하고 싶고 짙은 여운을 남기며 크나큰 위로가 되지만, 다른 어떤 말은 눈살을 찌푸리게 하고 멀쩡한 기분만 망치며 아무런 영양가가 없다. 그냥 당신은 그중에 오직 말 같은 말만 수용하면 되는 것이다.
 모든 말을 마음에 담아 두지 말자. 당신을 괴롭게 하고 초라하게 만드는 말까지 무리해서 소화하려고 애쓰지 않아도 된다. 비록 뜻하지 않게 접한 내용을 듣지 않은 것으로 되돌릴 수는 없겠지만, 버려야 할 말들은 과감히 한 귀로 흘려버렸으면 좋겠다. 나는 당신이 이제부터라도 남들의 말에 휘청거리지 않기를 바란다. 고작 그런 이유로 흔들리기에 당신은 참 소중한 사람이다.

눈치 보지 않기

 남의 눈치를 보는 것을 달리 말하면 상대에게 실망을 주지 않으려는 노력이고 그만큼 잘 보이고 싶은 욕심이며 좋은 사람으로 남기 위해서 부단히 애쓰고 있다는 뜻이다. 하지만 때로는 관계라는 것이 참 까다로운 탓에 분명히 자신의 신세가 처량하게 느껴졌던 순간도 있었을 것이고 이유를 모르게 뒤엉킨 기분 때문에 마음이 공허하고 적막했던 적도 있었을 텐데 별다른 내색 없이 잘 견디고 있는 당신이 진심으로 대견스럽다.

 이미 알아서 너무 잘하고 있는 당신이지만 겉으로 보이는 것과 다른 면이 있을 수 있기에 혹시나 하는 마음으로 말을 하자면 나는 당신이 남에게 부정적으로 보이면 안 된다는 강박감에서 벗어날 수 있었으면 좋겠다. 우리는 사람이기에 누군가에게 실수를 할 수 있고 다른 누군가에게는 밉

보일 수도 있다. 눈치를 보는 것 자체가 상당한 노고를 필요로 하는 일인데 매번 그런 방식으로 사람을 대하면 결국 나중에 감정이 탈진해 버리고 만다.

일반적인 상식선에서 문제가 되지 않는다면 남의 시선을 신경 쓰지 않고 당신을 더 생각하며 살아도 된다. 괜스레 상대의 사소한 표정, 행동, 말투 혹은 답장의 속도와 길이에 민감하게 반응하지 말자. 인간관계에서 모든 것을 마음에 담아 둘 수는 없다. 상대의 기분에 따라 언제든지 변할 수 있는 것에 당신의 마음을 낭비하지 않았으면 좋겠다. 더구나 그 기분의 변화가 심하고 그것을 당신에게 쉽게 표출하는 사람에게는 더더욱. 그 사람도 누군가에게 소중한 사람이겠지만 당신 역시 당신의 사람들에게 정말 소중한 사람이라는 것을 잊지 않았으면 한다.

∞

남의 기대를 채우느라
자신의 감정을 희생할 필요 없고
남의 기분을 맞추느라
자신의 가치를 소모할 필요 없다.

다치는 것이 수월한 사람은 없다

　상처받는 것이 어떻게 익숙해질 수 있을까. 그냥 내색하지 않으며 견디고 또 버티는 것이지. 그래, 아픔이 수월하고 손쉬운 사람은 없다. 그래서 당신이 말하지 않아도 그 마음이 참 어수선하겠다.

　어쩌면 당신의 잘못이 아닌 일을 가지고 한참을 멈춰 서서 돌아보고 자책하며 밤새 무너지고 망가지기를 반복하고 있을 수도 있겠다. 더는 신경 쓰지 않으려고 그 사람과 상황으로부터 최선을 다해 도망쳤지만, 겨우 몇 걸음 멀어지지도 못한 채 또다시 주저앉아 고개를 무릎에 파묻었을 수도 있겠고.

　현재 마음이 여려진 상태라 다른 무엇을 생각하기가 쉽지는 않겠지만, 그럼에도 우리 이것 하나만 꼭 기억하기로 하자. 찾아온 모든 불행이 오롯이 당신의 탓은 아니라는 것을.

세상에는 당연하지 않은 것을 당연하게 여기는 이기적인 사람들과 임의로 판단하고 막말을 던지는 무례한 사람들이 꽤 많다. 그리고 당신만 아파야 하고 감내해야 하며 애써야 하는 희생적인 관계의 끝에서 결국 반전이라는 것은 없을 테고.

그렇기에 이제부터는 당신이 남의 마음보다 자신의 마음을 더 생각하는 사람이 되기를 바란다. 번번이 남의 기분을 위해서 스스로에게 불편을 납득시키고 과할 정도로 이타적이었던 자신의 지난 언행에 대해 억지스러운 정당성을 부여하면서까지 누군가의 눈 밖에 나는 것을 염려하지 않아도 된다.

혼자여도 괜찮다는 마음으로 당신의 기준에 아닌 것 같은 사람은 정말 아닌 확률이 높으니까 과감히 끊어 내기도 하면서 살자. 이런 생각이 내면에서 중심을 잃지 않아야 한다. 그래야 당신을 흔드는 사람들로부터 자기 자신을 온전히 지켜 낼 수 있다.

그래도 고생 많았다. 참 힘들었을 텐데. 천천히 정리해 보자. 당신은 분명히 잘할 것이다.

∞

세상에서 당신에게 가장 따뜻한 사람이 바로 당신이었으면 좋겠다.

마음을 다잡을 수 있는 생각들

하나, 모든 사람을 좋게 대할 필요는 없다.

둘, 언제 어디서든 자기 자신을 잃지 않아야 한다.

셋, 그 누구도 당신에게 상처를 줄 권리는 없다.

넷, 당신이 있어야 당신의 세상도 있을 수 있다.

다섯, 무시할 것은 그냥 무시해 버리면 그만이다.

여섯, 가끔은 다 내려놓는 것도 하나의 방법이다.

일곱, 노력해도 안 되는 것은 잘못이 아니다.

∞

당신의 마음이 닿는 모든 곳에
기분 좋은 행운이 잇따르기를.

틀린 마음은 없다

 인간관계를 겪으면서 사람이 가장 불안해지거나 무기력해지는 순간은 바로 '자기 자신이 틀렸다'라는 생각이 들 때이다. 그런 생각이 머릿속을 가득 채우게 되면 결국 지나간 시간을 후회하게 되고 그 후회는 사람을 한없이 작게 만들며 앞으로 다가올 상황에 대해서도 또다시 자신의 판단에 의문을 품게 만든다.

 게다가 그 '틀렸다'라는 기준이 남의 시선으로부터 비롯된 것이라면 마음은 더욱 심하게 흔들릴 것이다. 왜냐하면 타인으로부터 시작된 기준은 유동성을 가지고 있기 때문에 이 사람, 저 사람을 만날 때마다 변하게 된다. 따라서 스스로가 중심을 잡지 못한다면 매우 불안정한 상태로 아주 사소한 것부터 정말 중요한 것까지 자기 자신을 믿지 못하고 계속해서 남의 말과 행동에 지대한 영향을 받으며 살아가게 된다. 정말 그러지 않아도 되는데, 자기 마음에 더 확신을 가져도 되는데 말이다.

　세상에 다른 마음은 있을 수 있어도 틀린 마음은 없다. 당신이 옳다고 느꼈다면 옳은 것이고 그르다고 느꼈다면 그른 것이다. 또한, 기쁘면 기쁜 것이고 슬프면 슬픈 것이며 아프면 아픈 것이고 괜찮으면 괜찮은 것이다. 그러니까 당신의 느낌에 자신감을 가졌으면 좋겠다. 엄연히 그 마음의 주인은 당신이다. 그리고 그때 그 상황에서, 그때 그 사람에게 당신은 여실히 최선이었다.

∞

사람 마음에 맞고 틀린 것이 어디 있을까.
당신 마음의 주인은 바로 당신인데.

인간관계에서 중요한 것

하나, 감사할 줄 아는 것.

둘,   사과할 줄 아는 것.

셋,   용서할 줄 아는 것.

넷,   이해할 줄 아는 것.

다섯, 거절할 줄 아는 것.

여섯, 간섭하지 않는 것.

일곱, 비교하지 않는 것.

여덟, 강요하지 않는 것.

아홉, 비난하지 않는 것.

열,   무례하지 않는 것.

좋은 사람

 나이가 들고 사회로 나가 다양한 사람들을 만나다 보니 '좋은 사람'이라는 것이 단순히 천성만으로 될 수 있는 것은 아니더라. 좋은 마음으로 생각하고, 말하고, 행동하는 것 모두 남모르는 노력이 필요한 일이더라. 그래서 요즘에는 누가 나에게 좋은 마음씨를 먼저 보이면 꼭 눈을 마주치고 감사의 인사를 전하곤 한다. 내가 받은 이해, 양보, 배려가 당연한 것은 아닐 테니까. 상대의 호의가 나의 권리는 아닐 테니까. 그 사람으로부터 피어난 살갑고 어여쁜 마음에 경의를 표하곤 한다. 그리고 다짐한다. '받은 만큼 돌려주어야지. 아니, 오히려 더 베풀어야지. 다음에는 꼭 내가 먼저 손을 내밀어야지.' 그렇게 나도 좋은 사람이 되어 나와 같은 사람들과 화창한 웃음 속에서 해맑게 살고 싶은 마음이다.

섬세함이 비슷한 사람

 아무리 상대가 수많은 장점을 가지고 있다고 하더라도 결국 섬세함의 정도가 비슷한 사람을 만나야 하더라. 그러지 않으면 한 사람은 답답함을 느끼게 되고 다른 한 사람은 서운함을 느끼게 될 테니까. 얼핏 보면 사소한 부분인 것처럼 보여도 결코 무시할 수 없더라.

 그런데 이것은 시간이 좀 지나야 명확히 알 수 있는 부분이기에 나는 당신이 사람을 만날 때 처음부터 너무 많은 기대를 하지 않았으면 좋겠다. 무엇을 미리 기대하고 있으면 그만큼 실망하기도 쉽고 상처받기도 쉬운 법이니까. 마음의 문은 천천히 열어도 늦지 않다.

새벽 어딘가에서 멈추어 있는 당신에게

하나,

슬픔은 언제 어디서든 올 수 있다. 어느 정도 마음의 준비를 하고 있을 것.

둘,

우울은 절대로 영원하지 않다. 시간은 당신의 편이라는 것을 인지할 것.

셋,

상처받으라고 하는 말은 무시해도 된다. 연연하지 말고 다치지도 말 것.

넷,

때로는 행복을 위해 이기적이어도 된다. 당신의 기쁨만을 생각할 것.

다섯,

울고 싶을 때는 마음껏 울어도 된다. 속에 고여 있는 것들을 전부 쏟아 낼 것.

감정을 아끼자

 너무 외롭고 허전할 때 새로운 관계를 통해서만 그 공허함을 메우려고 하지 않았으면 좋겠다. 일반적으로 사람은 자신이 절박할 때 판단력이 흐려지고 잘못된 선택을 하기가 가장 쉽다. 아무에게나 당신의 소중한 마음을 내어 주지 않기를 바란다. 그러지 않아도 지금의 회색빛 감정은 당신이 충분히 이겨 낼 수 있다.

 자칫 잘못하다가는 오히려 더 허탈해질 수도 있으니 부질없게 감정이 낭비되는 일을 줄이자. 적막한 그 순간을 빨리 벗어나고 싶어서 어설프고 헤프게 마음을 쓰다 보면 결국 바닥을 보이게 된다. 그렇게 애먼 곳에서 마음을 다 소진하게 되면 정작 필요한 순간에 사용하지 못하게 된다.

 감정을 아끼자. 알맞은 순간, 알맞은 사람에게 의미 있게 쓰일 수 있도록.

∞

한 발짝 물러서면 답이 보이는 문제들이 있다.

마주한 상황이 난처하다면 조금 물러나서 다시 보자.

어쩌면 막막했던 것들이

다르게 보일지도 모르는 일이다.

두 명이면 돼

 열 명의 사람을 만나면 두 명은 당신을 좋아하고 세 명은 당신을 싫어하며 다섯 명은 당신을 좋아하지도 싫어하지도 않는다. 이것은 아마 당신도 크게 다르지 않을 것이다. 당신이 모두를 사랑하지 않는 것처럼 모두가 당신을 사랑할 수는 없다. 그러므로 누군가가 당신을 싫어한다고 해서 혹은 당신에게 무관심하다고 해서 그것에 연연해하거나 서운해할 필요가 없다. 그저 당신과 맞지 않는 사람이거나 인연이 없는 사람이라 생각하고 대수롭지 않게 넘겼으면 좋겠다. 더도 말고 덜도 말고 그 정도로 여기면 된다.

 중요한 것은 당신을 좋아해 주는 두 명의 마음이다. 그 사람들과 함께라면 나름 이 세상을 감동적으로 살아낼 수 있을 테니까. 그러니 인간관계에서 괜한 감정을 낭비하지 않기를 바란다. 그럴 시간에 차라리 당신을 아껴 주는 사람들을 한 번이라도 더 돌아보는 것은 어떨까. 오늘은 고마운 사람들에게 먼저 마음을 표현해 보자.

∞

부끄럽지만, 그래도.

내가 너무 예민한 걸까

 참는 것이 습관이 되었고 삭이는 것이 버릇이 된 당신에게. 당신이 섭섭했다면 여실히 섭섭할 만한 일이었을 것이다. 당신이 기분 나빴다면 분명히 기분 나쁠 만한 일이었을 것이다. 당신이 화가 났다면 충분히 화를 낼 만한 일이었을 것이다. 당신이 느꼈던 감정은 틀리지 않았다. 그리고 당신은 예민하지 않았다.

 가끔씩 세상이 당신에게 억지를 부려도 당신만은 당신을 끝까지 지키기를 바란다. 스스로를 버리지 않기를 바란다. 자기 자신을 지키는 것이 꼭 거창한 것만은 아니다. 고개를 갸우뚱하게 만드는 일을 짚고 넘어갈 수 있는 것, 선을 넘는 농담에 정색할 수 있는 것, 무리한 요구의 손길을 뿌리칠 수 있는 것, 부당한 대우 앞에서 목소리를 낼 수 있는 것 등등. 아무렇지 않은 척 어영부영 넘어가는 것이 아니라 보호하고 거부하고 대항할 줄 아는 것. 스스로를 지키는 일은 그런 것이다.

∞

때로는 억울하기도 했을 테고
쓸쓸하고 씁쓸하기도 했을 텐데.
그런 당신을 위해 그냥 누군가가
행복을 좀 오다 주워 줬으면 좋겠다.

노이즈 캔슬링

요즘은 카페나 길거리에서 노이즈 캔슬링(Active Noise Canceling, ANC)이 탑재된 기기를 사용하는 사람들을 쉽게 볼 수 있다. 노이즈 캔슬링은 말 그대로 주변 소음을 억제하는 기술이다. 이 기술이 적용된 기기는 외부의 소리를 수집 및 분석하고 내부에서 그것과 반대되는 파동의 소리를 만들어 내어 주변 잡음을 상쇄시킨다. 그래서 시끄러운 환경에서도 소음으로부터 몰입에 방해받지 않고서 음악이나 영화를 즐길 수 있다. 그런데 잡음은 사람들 사이에서도 어렵지 않게 발생한다. 그래서 경우에 따라 불쾌하고 불편한 말을 일삼는 사람을 효과적으로 상대하기 위해 인간관계에서도 노이즈 캔슬링의 원리를 써먹어야 할 때가 있다.

우리는 살아가면서 본의 아니게 온갖 부류의 사람들을 만나게 되고 별

의별 상황들을 겪게 된다. 그러면서 자연스레 생기는 갖가지 소음을 경험하게 되는데 어떤 소리는 밑도 끝도 없는 오해일 수도 있고 다른 어떤 소리는 아예 들을 가치도 없는 비난일 수 있다. 불행하게도 이미 들은 내용은 다시 돌이킬 수도 없어서 간혹 가슴이 미어질 정도로 아픈 말을 듣게 되면 몇 날 며칠 밤을 지새우며 눈물을 쏟아 내야 하는 시간을 감당해야 할 때도 있다. 하지만 그럴 때마다 잡소리를 속에 담아 두며 괴로워하지 말고 노이즈 캔슬링의 원리를 적용해 보는 것은 어떨까. 바깥에서 들려오는 모진 말들과 반대되는 생각을 당신의 안에서 재생하는 것이다. 예컨대 누가 당신을 못났다고 말하면 반대로 예쁘고 멋지고 괜찮은 사람이라 말해 주고 또 다른 누가 당신이 쓸모없다고 말하면 역시 반대로 충분한 가치를 지닌 소중한 사람이라고 말해 주는 것이다.

   나는 당신이 노이즈 캔슬링에 능숙한 사람이 되었으면 좋겠다. 당신을 싫어하거나 함부로 여기는 사람들의 무례하고 무책임한 말들에 온통 무너지지 않아도 된다. 당신은 실제로 그런 사람이 아니니까.

   내가 이렇게 응원할 테니 우리 꾸준히 연습해 보자. 무조건 할 수 있다. 당신은 충분히 그럴 능력이 된다.

∞

이윽고 당신의 마음에도 고요가 스밀 수 있기를
이토록 간절히 바란다.

생각보다 훨씬 더 강한 사람

'힘들다'라는 말. 참 많은 감정을 내포하고 있는 말이다.

우리는 힘듦의 연속에서 반복되는 하루를 살아 내고 있다. 산다는 것은 어쩌면 늘 우리 곁에서 머물고 있는 크고 작은 어려움을 감당하는 일일 테니까.

그러다가 가끔은 벅찬 날이 있다. 속에서 참아 왔던 것들이 범람하기 직전인 것 같을 때. 그래서 울어 버리고 싶은데 또 눈물은 나오지 않아서 답답할 때. 느껴지는 우울에 대해 의구심이 들다가도, 슬픔조차 마음대로 슬퍼하지 못하는 나 자신이 참 가엽게 여겨질 때.

그럴 때는 그냥 이렇게 생각했으면 좋겠다. 당신의 마음이 다가온 시련보다 더 센 것이라고. 당신이 알고 있는 것보다 당신이라는 사람은 훨씬 더 강해서 이 정도는 충분히 이겨낼 수 있다는 것을 스스로 알아차리게끔 마음이 지금 힌트를 주고 있는 것이라고.

    그러니까 너무 속상해하지 않았으면 좋겠다. 당장은 모르겠지만, 결국은 당신이 충분히 극복해 낼 수 있는 일이다. 엄연히 그런 힘을 가진 사람이다.

∞

무작정 믿자.

생각하지도 못한 행운들이 당신을 만나기 위해

어딘가에서 길게 줄을 서 있다고.

나의 우울에게

 무거운 숨만 연달아 내쉬며 자꾸 시선을 바닥에 떨어트리게 되는 요즘. 그동안 정말 잘 견디고 버텨 오면서 크게 내색하지 않았었는데 오늘은 좀 많이 힘들다. 이제 나는 한계에 다다른 것 같은데 세상은 꼭 작정하고 이런 나를 완전히 무너트리려는 것만 같다.

 그래서 정말 다 내려놓고 아무도 나를 신경 쓰지 않는 곳으로 떠나 버리고 싶다는 생각도 한다. 가벼운 몸과 마음으로 나의 우울을 온전히 맞이하고 싶다. 비록 그렇게 운다고 해서 대단하게 달라지는 것은 없겠지만, 얼룩진 날씨를 핑계 삼아, 사소한 일을 트집 잡아, 어처구니없는 변명거리를 빌미 삼아 털썩 주저앉아서 왈칵 쏟아 내고 싶은 사연이 있다.

 시간이 어떻게 흘러가는지도 모르겠다. 점점 일곱 번의 요일이 다 비숫하게만 느껴진다. 하루하루를 가까스로 지내고 있다. 힘들어도 되고 힘내지 않아도 된다는 것을 알면서도 무의식 속에 괜찮아지고 싶은 내가 몸부림치고 있다. 언제 나아질지 모르겠지만 나는 내가 너무 힘들지 않았으면 좋겠다. 그냥 견딜 수 있을 만큼만 버겁고 싶다.

비좁은 나의 마음 어딘가에 우울이 혼자서 넘어져 있다. 누구의 도움도 받지 못하고 외로이 상처를 끌어안고 있다. 그러니까 이토록 아픈 것일 테지.

∞

나의 우울아.

조금만, 조금만 더 기운 내 주라.

감정 기복이 심해졌다면

 감정 기복이 심하다는 말은 자신의 기분을 제어하는 데 어려움을 느끼고 있다는 뜻이다. 보통 이런 상황에 부닥치게 되면, 조금 전까지 기뻐서 웃다가도 이유 없이 금세 슬퍼지고 이내 눈물을 흘리곤 한다. 또, 일상생활 속에서 걱정과 긴장이 증가하여 예민해지거나 공격적으로 반응하기도 한다.

 마음이 워낙 급변하고 그만큼 소모되는 에너지의 양도 많으니 피로가 몰려오는 것은 당연할 것이다. 그런데 또 제때 잠에 들기는 쉽지 않아서 불면증을 겪으며 새벽 감성에 심하게 잠겨 있다거나 불필요한 생각을 하며 스스로를 끝없이 나락으로 내몰 때도 있을 것이다.

 그래, 무엇 하나 수월한 것이 없는 상황이다. 하지만 괜찮다. 그렇다고 아예 답이 없거나 아주 절망적인 것은 아니니까. 누구나 계획에 없었던 불행을 맞기도 하고 예상치 못했던 우울에 빠져 녹록지 않은 하루를 보낼 수도 있다. 살다 보면 그럴 때도 있기 마련이다. 그러니 혼자 움츠리고 있지 말고 나아지기 위해서 아래의 방법들을 조금씩 노력해 보았으면 좋겠다.

✓ 하나, 자신의 상태를 확인하기.

무엇이든 시발점을 찾는 것은 중요한 일이다. 지금 느끼고 있는 감정의 원인을 차근히 돌아보자. 그러다 보면 당신을 불안정하게 만들었던 요소를 찾을 수 있을 텐데, 과연 그것이 정말 이렇게까지 당신을 아프게 할 내용인지에 대해서 이성적으로 생각해 볼 필요가 있다.

✓ 둘, 불평불만을 줄이기.

짜증도 습관이 된다. 요즘 사소한 것에도 쉽게 화를 내고 있다면 그 버릇을 고치려고 노력해야 한다. 물론 그럴 만한 이유가 있는 일도 있겠지만, 그렇다고 해서 번번이 민감하게 반응하게 되면 별 탈 없이 무마될 수 있는 일도 오히려 더 크게 키울 수 있다. 그러니 기분이 태도가 되지 않도록 주의하자.

✓ 셋, 자기 관리하기.

감정이 엉망이 되어 버리면 몸도 엉망진창이 되기에 딱 좋다. 따라서 규칙적인 수면, 식사, 운동으로 삶의 리듬을 조율하자. 불규칙적인 생활은 육체적, 정신적 건강에도 해롭다. 자기만의 하루 루틴을 잘 구축하면 점점 안정되는 자기 자신을 마주할 수 있다.

✓ 넷, 스스로를 북돋아 주기.

처음에는 아직 익숙하지 않아서 좀 많이 어색할 수도 있겠지만, 나 자신에게 따뜻한 위로와 응원을 건네는 일은 이 험난한 세상에서 쉽게 무너지지 않기 위해 반드시 필요하다. 그런 의미에서 지금 스스로에게 세상에서 제일 다정한 말을 건네며 격려해 주자.

✓ 다섯, 있는 그대로 내버려 두기.

당장 다루기 너무 힘겨운 일이라면 생각과 마음을 버거운 그대로 그냥 내버려 두어도 된다. 구태여 아픔과 슬픔을 억지로 극복해야만 하는 것은 아니니까. 당신을 아프게 하는 것들로부터 적당한 거리를 두고 그 상태 그대로 가만히 있어도 된다. 계속 부여잡고 있지 말자.

✓ 여섯, 몸을 움직이기.

감정의 파고가 매우 거세지면 그만큼 셀 수 없는 불안한 생각들도 덩달아 수없이 밀려온다. 그럴 때 아무것도 하지 않고 가만히 있으면 무기력한 기분에 끝없이 가라앉고 만다. 오히려 몸을 바지런히 움직이자. 그러면 잡념을 어느 정도 떨쳐 버릴 수 있다.

✓ 일곱, 다 제쳐 두고 쉬러 떠나기.

장소를 환기하는 것도 제법 괜찮은 방법이다. 국내든 해외든 다 좋다. 다만, 가장 중요한 것은 떠날 때 단 하나의 걱정거리도 챙기지 않는 것이다. 걱정을 하고 있으면 아무리 좋은 장소에 가서 좋은 음식을 먹더라도 쉬는 것이 쉬는 것이 아니게 될 테니까. 무책임하게 쉬어 버리자. 소중하고 애틋한 나 자신을 위해서.

✓ 여덟, 전부 이해하려고 하지 말기.

사람 마음은 하나인데 여러 사람과 상황을 모조리 이해하려고 하면 그 마음에 남아나는 것이 없게 된다. 가끔은 그냥 맞지 않으면 맞지 않는 대로 마음에 들지 않으면 들지 않는 대로 신경을 끄고 자기 위주로 받아들일 줄도 알았으면 한다. 결국 당신은 당신이 보호해야 하니까.

✓ 아홉, 내 사람들과 이야기 나누기.

좋은 사람들과 시간을 보내자. 그러면 혼자라는 생각에서 벗어날 수 있다. 그리고 언제나 든든히 당신 편에 서는 사람들에게 속에 있는 응어리를 남김없이 털어놓자. 실제로 다른 사람에게 속에 있는 자신의 고충을 말하는 것만으로도 괴로움의 무게를 상당히 덜어 낼 수 있다.

✓ 열, 자책하지 않기.

자책은 거의 모든 우울의 근원이라고 할 수 있다. 한 치 앞도 확신할 수 없는 것이 사람 일이기 때문에 좀 어긋났다고 해서 자신을 한없이 질책할 필요는 없다. 당신의 잘못이 아니다. 괜찮게 여겨도 괜찮은 일이다.

감정은 마치 해일과 같다. 파도가 한창 매섭게 몰아칠 때 그제야 무엇을 하려고 하기보다 평소에 유사시를 대비해야 하는 것처럼, 감정 기복이 심할 때도 이미 일어난 감정을 급급하게 억누르려는 것보다 보통 때의 잔잔한 감정을 유지하려는 힘을 더 길러야 한다. 여실히 지금 당신에게는 어떤 이유로도 가볍게 동요되지 않는 무겁고 잔잔한 평정심이 필요하다.

∞

천천히, 찬찬히.
지금 당신이 느끼는 것들은 절대 영원할 수 없다.
그러나 그로 인해 파생된 실수는 영원할 수 있다.

핸드 드립 커피

좋아하는 것을 너무 좋아해서 조금은 줄여야 할 만큼 커피를 마시는 편이다. 개인적으로 그중에 핸드 드립 커피를 가장 선호한다. 물론 유명 브랜드의 커피도 잘 마시는 편이지만, 뭐랄까, 핸드 드립 커피에는 인간미가 가미되어 있다고 해야 하나. 누가 내리느냐에 따라서 전혀 다른 맛과 향을 내니까.

무엇보다 커피가 완성되는 시간이 참 마음에 든다. 급하지 않고 느긋함을 가지며 느리고 천천히. 이것은 덤이지만 한 방울 한 방울 담긴 바리스타의 정성도 함께 마실 수 있다. 어쩌면 속도와 효율을 강조하는 현실의 흐름을 역행하는 것일 수도 있다. 그래도 나는 이런 더디고 비효율적인 커피가 좋다.

망원역 1번 출구 근처에는 분위기와 커피를 정말 잘하는 카페가 있다. 그래서 가끔 생각이 많아질 때면 혼자 찾아가서 시간을 보내곤 한다. 오늘도 퇴근하고 이 카페에 들러 커피를 마시고 있다. 넓으면서도 고요하고 어두우면서도 선명하다.

문득 그런 생각이 든다. 나도 핸드 드립 커피와 같은 존재가 되고 싶다고. 하루가 다르게 변화하는 세상 속에서 여유와 낭만을 잃지 않는 사람. 유행만 따라가기 급급한 것이 아니라 자기만의 개성과 분위기가 있는 사람. 가볍게 지나칠 수 있는 말 한마디에도 짙은 다정함을 풍기는 사람. 조금 느리고 서툴러도 그만큼 깊고 오랜 여운을 남기는 사람.

아, 참. 생각난 김에 이번 주말에는 집에서 커피를 내려 마셔야겠다. 그 순간만큼은 집안 가득히 세상에서 단 하나밖에 없는 커피 향을 풍겨야지. 어느새 커피 잔은 그동안 숨겨 온 얼음들을 나에게 들키고야 말았다. 금요일 저녁, 마치 내가 이 세상에 외로움을 들켜 버린 것처럼.

∞

아무리 숨겨도 다 뻔히 보인다니까.

두루두루 잘 지내는 방법

하나, 적을 만들지 말자.

둘, 들은 말을 함부로 전하지 말자.

셋, 뒤에서 몰래 험담하지 말자.

넷, 무조건 감정을 앞세우지 말자.

다섯, 이기적으로만 행동하지 말자.

여섯, 남의 물건을 허락 없이 만지지 말자.

일곱, 남의 사정을 임의로 넘겨짚지 말자.

여덟, 했던 약속은 웬만해서 어기지 말자.

아홉, 상대가 싫어하는 행동을 반복하지 말자.

열, 번번이 자신의 기분을 상대에게 풀지 말자.

나의 꿈은 당신과 나태하게 사는 것

 머리부터 발끝까지 아낌없이 애정을 줄 수 있는 사람과 나태하게 살고 싶다. 주말에 헝클어진 모습으로 느지막이 일어나 어젯밤의 안부를 묻는 것. 커피를 마시며 한가로운 오후를 보내다 편한 복장을 하고 함께 마트에 가서 장을 보는 것. 하늘이 노을빛으로 물든 저녁이면 식탁에 마주 앉아 도란도란 이야기를 나누며 세상에서 제일 행복한 식사를 하는 것. 잠들기 전에는 하염없이 서로의 모습을 두 눈에 담으며 오래도록 마음을 나누는 것. 나는 당신과 그런 사랑을 하고 싶다.

∞

언젠가 나도 그런 사랑을 할 수 있으려나.
그것을 가능케 할 사람이 나에게도 나타나려나.

오늘도 참 애썼다

 의식적으로 아주 작은 미소를 보이는 것조차 정말 벅찼을 텐데, 남들 앞에서 헝클어진 모습을 보이기 싫어서 이미 충분히 지친 자신을 얼마나 모질게 다그쳤을까. 다 컸다는 이유로 온종일 남들 앞에서 밝은 모습을 유지해야만 했을 당신의 하루가 남모르게 얼마나 가혹했고 고단했을까. 그런 당신을 생각하니 그냥 꼭 안고서 말해 주고 싶다.

 "정말 고생했다고, 이제는 괜찮다고, 내일은 오늘보다 나을 것이라고."

 당신, 예전이나 지금이나 참 꿋꿋하게 잘 살아 내고 있다. 남들이 당신에 대해서 무슨 말을 하고 어떤 시선으로 대하든 당신은 당신이라는 이유로 참 특별한 존재이다. 그러니까 절대 스스로를 하찮게 여기지 말고 좀 더 상냥하게 돌볼 수 있었으면 한다. 밥도 잘 먹고, 잠도 잘 자고, 충분히 휴식도 취했으면 좋겠다. 나름의 아픔을 견디고 버티느라 오늘도 참 애썼다. 세상에서 오직 하나밖에 없는 귀중하고 특별한 사람아.

∞

아는지 모르겠지만 당신은 웃는 게 참 예뻐.
그러니까 가끔 세상이 싫어지더라도 활짝 웃어 주라.
당신의 미소에 걱정스러운 모든 일이
사르르 녹아내릴 수 있게.

조건부 불행

 슬프면 울기도 하고, 아프면 앓기도 하고, 마음에 들지 않으면 툴툴거리기도 하고, 화를 내며 다투기도 하고, 억지를 부리기도 하고, 제풀에 지쳐서 주저앉기도 하고, 한곳에 정체되어 보기도 하고, 실패를 피부로 느껴 보기도 하고, 한계에 부딪혀 보기도 하고, 산산조각으로 부서져 보기도 하고, 와르르 무너져 보기도 하고. 뭐, 무엇이든 좋다. 다만, 당신의 불행은 시한부라는 것과 그 제한된 시간을 초과하면 그동안의 쌓였던 행복을 전부 맞이해야 한다는 것만 잊지 않는다면.

 불안이 쌓이면 불행이 된다. 그리고 그 불행이 커지면 일상을 위태롭게 한다. 그러나 잊지 말자. 불안해도 되고 불행해도 된다는 것을. 왜냐하면 당신의 불안과 불행 뒤에는 다시금 괜찮아지고 더 좋아질 날이 항상 따라올 테니 말이다. 조금도 어긋나는 일이 없이.

3장
울기도 많이 울었겠지만

지나간 시간을
여전히 가까이 두고 사는 당신에게

∞

우연히 마주하다 보면 도로 울 수도 있다.
괜찮다, 더 울어도 된다.

혼자 울었을까 봐

사람의 눈에는 지난 시간이 담겨져 있다. 슬픈 일을 겪은 사람의 눈에는 슬픔이 묻어 있기 마련이고, 아픈 일을 겪은 사람의 눈에는 아픔이 묻어 있기 마련이다. 또한, 이것은 감쪽같이 숨기려고 해도 숨길 수 없다. 그렇기에 암만 머리를 예쁘게 만지고, 아끼는 옷을 빼입고, 공들여 화장을 하고, 티 나지 않게 밝은 표정을 지어도 결국에는 다 알 수가 있다.

그래서 좀 조심스럽지만, 당신에게 묻고 싶다. 그리고 꼭 안아 주고 싶다.

"울었어?"

"울었구나."

∞

고생했어, 정말 아팠겠다.

이제 괜찮아, 더 울어도 돼.

당신 곁에 있을 테니

하나, 너에게 관심을 갖고 있어.

둘, 이야기를 들어 주고 싶어.

셋, 요새 제일 힘든 게 뭐야?

넷, 그랬구나, 정말 속상했겠다.

다섯, 네 잘못이 아니야.

여섯, 울고 싶으면 울어도 돼.

일곱, 지금 너무 잘하고 있어.

여덟, 걱정하지 않아도 돼.

아홉, 내가 옆에서 도와줄게.

열, 괜찮아, 잘 풀릴 거야.

고개를 푹 숙인 당신의 옆에 자리를 잡고 앉아 곰곰이 생각해 본다. 구체적인 내용에는 저마다 차이가 있겠지만, 결국 사람 사는 이야기가 거기서 거기일 테고 느끼는 점도 비슷할 텐데 내가 지금의 당신이라면 어떤 말을 가장 듣고 싶어 할까. 어떠한 따스함과 포근함이 제일 잘 어울릴까. 어떻게 해야 다친 마음이 치유될 수 있을까.

당신이 혼잣말을 하도록 내버려 두고 싶지 않다. 당신에게 늦지 않은 위로가 되고 싶다. 그리고 늘 이곳에서 당신과 함께 상심을 감내하고 싶다. 그러니까 힘들면 힘들다고 말했으면 좋겠다.

대신 말하면서 힘듦을 같이 내뱉자. 그러면 어려움의 무게를 좀 덜어 낼 수 있을 테니. 지금 말해 보자.

∞

"나 힘들어"

마지막이 아직은 두려운 마음이라

 하루의 일정을 마치고 집으로 들어가는 길에 같은 자리에서 오랜 시간을 있었던 치킨집 하나가 오늘로써 마지막 장사를 한다는 알림을 보게 되었다. 자그마치 35년을 있었다고 하는데, 하긴 내가 어렸을 때도 있었으니까.

 잠시 발걸음을 멈추어 가게를 들여다봤다. 가게 외부에서는 포장 주문을 마치고 어딘가 아쉬운 마음으로 마지막 치킨을 기다리는 손님들이 삼삼오오 무리를 지어 이야기를 나누고 있었고, 가게 내부에서는 단골들이 사장님과 두 손을 마주 잡고 시원섭섭한 감정을 주고받고 있었다.

 비록 평소에 자주 찾던 집은 아니었지만, 단지 입구에 위치한 가게였기에 빈번하게 지나치던 곳이었다. 그런데 막상 마지막이라니, 덩달아

나 또한 기분이 좀 이상했다. 그러다가 우연히 어느 단골이 쓰고 간 글을 읽게 되었다.

'섭섭하지만, 덕분에 좋은 시간 함께했습니다. 건강하세요!'

- 단골 중 하나가.

이름도, 얼굴도 모르는 사람이 남겨 놓은 글발에 가슴이 울컥했다. 다소 삐뚤빼뚤한 글씨체였지만 오히려 그렇기에 글쓴이의 마음이 더욱 진솔하게 느껴졌고, 그 문장에는 지나온 시간에 대한 애정과 마주하고 있는 순간에 대한 애틋함과 앞으로 지나갈 날에 대한 그리움까지 모두 담겨 있었다. 의심할 여지가 없이 저 글을 읽은 치킨집 사장님의 마음에서도 여러 감정이 교차하였을 것이다.

따뜻한 마음 위에 속으로 작은 마음을 보태고 발길을 돌려 마저 집으로 향했다. 걸으며 가만히 돌이켜 보니, 내가 접했던 모든 마지막은 슬픈 감정에 더 가까웠다. 준결승 축구 경기에서 패배해 팀의 경기 일정이 끝났을 때도, 소중한 사람이 병으로 세상을 떠났을 때도, 학교를 졸업하며 같은 반 친구들과 흩어지게 된 날에도, 전역하는 날 후임들의 축하를 받으며 백령도를 떠나는 마지막 배에서도 어김없이 눈물이 나곤 했으니까. 아마 저 치킨집이 사라진 자리에는 새로운 가게가 들어설 것이고 오고 가며 바뀐 모습에 나는 또 익숙해질 것이다. 그렇게 이 어수선한 감정도 지금껏 그래 온 것처럼 차차 기억에서 무디어지고 희미해질 것이다.

누가 그랬다. 헤어짐은 새로운 만남의 시작이라고. 그리고 어쩌면 그 시작이 훗날에 훨씬 더 좋은 기억으로 남겨질 수도 있다. 그러나 아직은 마지막이라는 것이 두렵기만 하다. 점차 나이를 먹어도 여전히 감당하기가 쉽지 않다. 세월을 보내면서 '마지막'이 가진 의미를 확연히 깨닫게 되어 그런가.

집에 도착해서 따뜻한 물에 소란한 생각을 씻어 냈다. 그리고 침대에 누워 언젠가 나도 끝에서 은은한 미소를 지을 수 있는 사람이 되었으면 좋겠다는 바람을 품고 하루의 끄트머리에서 스스로를 정리해 본다.

∞

사장님,

그동안 고생 많으셨습니다.

나의 끝

언제인가 알 수 없는 것에 대해 궁금해했던 적이 있었다.

그러니까 나의 마지막에 관해서. 그 끝에서 나의 삶을 돌이켜 봤을 때.

'결혼은 했을까, 했다면 어떤 사람과 했을까, 그 사람과 나를 쏙 빼닮은 아이들은 있을까, 그때는 몇 권의 책을 썼으려나, 전부터 하고 싶었던 일은 해냈을까, 친구들은 저마다 잘 살고 있을까, 가족들에게는 좋은 추억을 많이 남겼을까, 내 장례식에는 누가 왔고 누가 울었을까, 나는 어떤 사람으로 기억될까.'

세상 그 누구도 답을 알지 못하는 문제를 얼마나 쥐고 있었을까. 결국 그 끝자락에서 남은 생각 하나.

'나중에 후회하지 않도록 매일매일을 최선을 다해서 아주 재밌게 살아야겠다. 일도 성실히 하고 노는 것도 열심히 해야지. 지금이라도 늦지 않은 것 같다. 늦었다고 생각할 때가 가장 빠를 때이니까. 마지막 날의 나에게는 지금 이 순간의 내가 어린 시절의 나일 테니까.'

결국 후회라는 것도 어떻게 보면 지나간 시간 속에서 최선을 다하지 못했던 나 자신의 미련과 집착이다. 그리고 그것은 늦은 뒤에 아무리 해 봤자 아무런 소용도 의미도 없다.

그러니까 우리 너무 움츠리고 망설이지 말자. 번번이 참으면서 살지는 말자. 하고 싶은 것도 하고, 먹고 싶은 것도 먹고, 사고 싶은 것도 사고, 가고 싶은 곳도 가자. 꿈을 포기하지 말고 낭만을 잃지도 않으며 마음껏 도전하다가 꽈당 넘어지기도 하고 씩씩하게 다시 일어나서 또 힘차게 나아가자. 가깝고 애틋한 사람들에게 좀 쑥스럽지만, 속마음을 표현해 보기도 하고 따뜻한 심장으로 안아 보기도 하자. 누군가를 진심으로 사랑해 보고 찢어지는 심정을 붙잡고 밤새 울어도 보자. 왜냐하면 날마다 우리에게 주어지는 86,400초의 하루는 말로 다 형용할 수 없을 만큼 중요하고 소중한 시간이니까. 내일은 곧 올 테지만 오늘은 다시 오지 않으니까.

나는 우리의 인생이 한 편의 영화라면 그 영화가 한순간도 눈을 떼지 못할 만큼 흥미롭고 다채로웠으면 좋겠다. 해피 엔딩이라면 더욱 좋고. 간혹 삶이 생각처럼, 마음처럼 잘 따라 주지 않더라도 크게 문제 될 것은 없다. 그 또한 인생의 한 부분이고 매력일 테니까.

엄마에게

 오랜만이네요. 어느 틈에 벌써 나는 이렇게 커 버렸고, 당신이 추억으로 떠난 지도 여러 해가 지났어요. 그곳에서는 좀 어떤가요. 아프지 않고 잘 지내고 있는 건가요. 당신이 머물렀던 자리에서 멈추어 있는 나에게는 마지막까지 고통스러워하던 그 모습이 여전히 생생하게 남아 있어요. 그렇게나 괴로워하는 당신을 앞에 두고 해 줄 수 있는 게 아무것도 없었던 내가 얼마나 싫고 비참했는지 모르고요.

 그래서 어느 날에는 그리움과 죄책감을 이기지 못하고 아무도 없는 시간으로 도망쳐 그만 한참을 목 놓아 울기도 해요. 생각해 보면, 지금까지 셀 수 없을 정도로 많은 울음이었지만, 그럼에도 가끔은 이 감정이 참 어색하게 느껴질 때도 있어요. 아무렇게 울어 버리기에 나는 이미 성인이 되었고, 아무렇지 않게 웃어넘기기에 나는 아직 아이 같아서요.

정말 사무치도록 보고 싶은데, 내가 이 세상에 사는 동안은 그럴 수 없겠죠. 언제나 나의 가슴속에서 지내고 있는 당신이지만, 우리는 우주만큼 멀리 떨어져 있어야 하니까요. 그게 너무 아파서 가끔은 버티고 버티다가 충혈된 눈으로 끝내 턱 끝까지 차오른 응어리를 힘겹게 토해 내고 말겠죠. 그렇게 당신을 애타게 불러 보기도 하고 어쩌다가 화를 내며 원망하기도 하겠죠. 그도 그럴 것이, 내가 당신이 아니면 누구를 미워하겠어요.

빛바랜 나의 기억에는 당신을 생각할 수 있는 주제가 아직도 이토록 많이 부유하고 있어요. 그 아래서 드리워진 그림자를 따라 한 발 한 발 걷는데 오늘따라 마음이 말썽이네요. 그러다가 우연히 당신이 아프지 않은 사람처럼 해맑게 웃고 있는 사진을 열어 보게 되었어요. 아무래도 이곳에 나를 두고 간 것이 걱정되어 이렇게라도 찾아온 거겠죠. 언제나 자기 자신보다 나를 더 신경 쓰던 당신이었으니까요.

이런, 너무 오래 걸었나 봐요. 어느새 새벽이 막을 내리고 있네요. 우리, 시간이 허락하는 날에 꼭 다시 만나요. 그때 그동안 못다 한 이야기도 실컷 나누고요. 나중에 내가 말이 엄청 많아졌다고, 웬일이냐고 해도 좋아요. 나, 아무도 모르는 마음의 상자에 홀로 채워 온 할 말이 아주 많아요. 여실히 미처 하지 못한 말들이 수두룩하지만, 다음으로 미루고 오늘은 이만 줄여야 할 것 같아요.

저는 너무 걱정하지 마세요. 감사하게도 따뜻한 사람들 곁에서 무탈하게 잘 지내고 있어요. 아 참, 믿기지 않겠지만 당신의 아들이 작가가 되어 어느덧 두 번째 책을 썼어요. 또, 좋은 분들과 연이 닿아 출판사에서 열심히 일도 하고 있고요. 마냥 철없던 아들이 이제는 어른이 되어 가고 있어요. 엄마가 이 모습을 봤다면 머리를 쓰다듬으며 참 기특하고 잘했다고 했겠죠. 그러니까 엄마도 거기서 잘 지내야 해요. 평소에 이런 말을 한 적은 별로 없지만, 정말 많이 보고 싶고, 사랑해요. 정말이요.

∞

시간은 사람을 오래 기다려 주지 않고,
사람에게는 시간이 지나야 깨닫게 되는 것들이 있다.
이를테면 사랑. 아니, 그것을 초월하는 감정.

영원한 이별이 아니기에

 사람을 잃은 사람은 마음속에 갑자기 제멋대로 터져 버려도 전혀 이상하지 않은 우울을 품고 살아가게 된다. 그렇게 늘 언제 어디서 쏟아질지 모르는 위태로움을 안고서 겉으로는 티 나지 않도록 평범한 나날을 살아가야 하고 사무치게 그리워도 그리워하지 않는 방법을 스스로 터득해야 한다. 안타까운 말이지만, 이런 슬픔은 세상의 어떤 위로로도 완벽히 치유할 수 없다.

 혹시 당신도 나와 비슷한 모양의 불안을 끌어안고서 일상을 살아가고 있다면 이렇게 생각했으면 한다. 그 사람이 이 세상에서 완전히 없어진 것이 아니라 좀 오랜 시간, 눈에만 보이지 않는 것이라고. 아예 다시는 볼 수 없는 것이 아니라 그냥 단순히 좀 긴 이별을 하는 것이라고. 일과를 잘 끝마치고 집에 돌아갔을 때나 목소리가 듣고 싶어 전화를 걸었을 때 그 사람이 부재하는 이유는 그저 아주 먼 여행을 떠났기 때문이라고. 그렇게 여기고 나중에 틀림없이 다시 만날 날을 고대하며 당신에게 주어진 남은 삶을 힘차게 살아 냈으면 한다.

나는 우리가 겪고 있는 이 이별이 영원하지 않다고 믿는다. 헤어짐은 시야에서 영원히 사라지는 것이 아니라 마음속에서 더욱이 선명해지는 것이니까.

외할머니

나는 어릴 적부터 초등학교에 들어가기 전까지 부모님께서 맞벌이를 하셔서 외할머니 손에 자랐다. 그래서인지 외할머니에 대한 애착이 강한 편이다. 그뿐만이 아니라 그때 그 시간도 여전히 잊지 않았다. 비록 이제는 너무 오래된 기억이 되어 버렸지만 살았던 집, 자주 인사를 나누던 이웃 주민들, 뛰어다녔던 길거리, 늘 인정이 넘치던 시장 등등 모든 것이 지금까지도 이다지 선명하다.

외할머니는 예전이나 지금이나 본인보다 나랑 동생을 더 걱정하신다. 이따금 통화를 할 때면 밤에 너무 늦게 자면 안 되고, 아침에 일어나서는 꼭 물 한 잔을 마셔야 하고, 항상 아무 음식이나 먹으면 안 되고, 탄산음료는 마시지 말라고 당부하신다. 그럼 나는 매번 똑같은 할머니의 말씀에 기계적으로 대답을 하곤 한다.

  최근에는 출판사 일과 작가 일 그리고 여러 협업을 병행하다 보니 내 사람들은 고사하고 나의 건강도 잘 챙기지 못하고 있었다. 그러다 한번은 문득 큰외삼촌께서 연락을 하셨다. 할머니가 요새 코피가 잘 멈추지 않는다고. 그래서 큰 병원에 갔는데 코안 쪽에 용종이 몇 개 있다고. 정밀 검사는 마쳤고 결과는 다음 주는 되어야 나올 것 같다고.

  그날의 감정을 다시 생각하는 것은 지금도 벅차다. 원고를 쓰려고 동네 카페로 향하고 있었다. 횡단보도에서 신호를 기다리고 있었는데 그 전화를 끊자마자 구석진 곳으로 뛰어가 20분은 미친 듯이 세상을 잃은 사람처럼 울고 또 울었다.

  끔찍했던 지난날의 아픔을 반복해야 할까 봐 두려웠던 것일까. 시간의 흐름에 자연스레 놓아야 할 것을 아직은 너무 세게 쥐고 있었기 때문일까. 병원에서의 연락이 나에게 닿기까지 그 기다림이 너무 고통스러웠다. 제발 아무런 일도 일어나지 않기를. 속으로 셀 수 없이 되뇌었다.

  정말 다행히도 간절함이 하늘까지 닿았는지 검사 결과, 용종은 양성이었고 외할머니는 요즘도 한결같이 연락하셔서 귀가 떨어질 정도로 같은 잔소리를 하신다.

  그때 느꼈다. 어쩌면 행복이라는 것이 다름 아닌 그럭저럭 나쁜 일, 슬픈 일 없이 지내는 것일 수도 있겠다고. 보통의 삶. 나는 이제 그것의 형용할 수 없는 가치를 안다.

∞

할머니, 요새 바쁘다는 핑계로
자주 연락을 드리지 못해서 죄송해요.
지금 전화 걸고 있어요.

친할머니

 명절날이 되면 우리 가족은 강원도로 간다. 친할머니 댁이 속초이기 때문이다. 4시간이 조금 안 되는 거리를 달려서 시골집에 가까워지면 오른쪽에는 새파란 동해 바다, 왼쪽에는 웅장한 태백산맥과 광활한 논이 환영의 인사를 건넨다. 그러다가 굽이진 길을 지나면 그림 같은 집이 나오는데 친할머니는 우리가 도착하기 전부터 마당에 나오셔서 차 소리에 귀를 기울이고 계신다. 그리고 늘 두 팔을 가득 벌려 안아 주시곤 한다. 집 앞에는 '오봉이'라는 이름을 가진 강아지가 산다. 얘는 나를 기억하는 것인지 매번 꼬리를 신나게 흔든다. 얼마나 세차게 흔드는지 꼬리로 서울까지 날아갈 기세이다. 아닌가, 내가 손에 먹을 것을 들고 있어서 그런가.
 친할머니는 언제나 쩌렁쩌렁한 목소리로 그동안 나에게 궁금했던 것들을 물어보신다. 지금 하는 일은 괜찮은지, 여자 친구는 사귀고 있는지, 더러 할머니 생각은 하는지 등등. 그리고 항상 마지막에는 이 말씀을 빼놓지 않고 하신다. "너는 우리 집안의 장손이고 기둥이다. 그러니 어딜 가서든 떳떳하게 행동하고……." 간혹가다 삶이 무기력하고 그냥 다 내려놓고 싶을 때 나를 다시 움직이게 하는 말 중의 하나이다.

강원도에는 '울산 바위'라는 거대한 바위가 있다. 사시사철 아주 굳세고 단단한 모습을 하고 있다. 나에게 친할머니는 어릴 적부터 그런 존재였다. 어떤 풍파에도 끄떡없으실 것 같았는데, 요즘 들어 부쩍 허리가 더 안 좋아지신 것 같아서 마음이 편하지 않다. 궂은 농사일을 하시다가 허리를 다치셔서 전에 큰 수술까지 받으셨는데 전보다 더 굽은 모습을 보고 있자면 참 복잡한 감정이 든다. 그런데 친할머니는 나에게 항상 해맑으시다.

최근에는 전화로 '우리 손자, 정말 잘하고 있다'라는 말씀을 자주 해 주신다. 그 짧은 응원이 어떤 날에는 마음속에 기나긴 여운을 남긴다. 때때로 마음이 약해지면 내가 하는 모든 것들에 의구심을 품고 자신감을 잃게 되는데 그런 순간이 오면 저 말을 되뇌며 다시 기운을 차리려고 한다. 정말 오래도록 듣고 싶은 말이다.

하지만 시간은 인간에게 영원을 허락하지 않기에 언젠가 저 응원을 내 기억에만 의존하여 재생해야 할 때가 올 테다. 그런 순간을 생각하고 싶지는 않은데 기어코 와야 한다면 최대한 늦게 오기를 바라는 마음이다. 나중에 후회하지 않도록 다음에 가면 꼭 안아 드려야겠다. 며칠 전에 새엄마를 통해서 전해 듣기를 할머니가 내 목소리를 많이 듣고 싶어 하신다는데 아무래도 오늘은 퇴근하고 집에 가는 길에 전화를 드려야지.

∞

"할머니, 저예요. 저녁은 드셨어요?"

아빠와 새엄마

내가 스무 살이 되기 전까지 아빠는 나에게 그런 존재였다. 작은 잘못도 그냥 넘어가는 일이 없었기에 혼나기도 무척 혼났었고 친구들이 나에게 말해 줄 정도로 아주 엄한 사람이었다. 그래서 사춘기 무렵에는 아빠를 미워했던 날도 많았다. 가끔 사진첩을 넘기며 아주 어릴 적 사진을 보게 될 때가 있는데 아빠 품에서 장난기 가득한 얼굴로 웃고 있는 나를 보고 있자면 좀 어색한 기분이 들기도 한다.

나는 아빠가 항상 강인한 사람인 줄 알았다. 아빠는 원래 그런 사람인 줄 알았다. 내가 19살 때 엄마가 세상을 떠나기 전까지는. 4월 14일 새벽이었다. 국립암센터에 입원 중이었던 엄마를 급하게 보러 가야 한다는 아빠는 내가 평소에 알던 모습이 아니었고, 비가 내리던 그날 이른 아침에 나는 태어나서 아빠가 오열하는 모습을 처음 보게 되었다. 그때 감히 조금은 이해할 수 있었다. 아빠도 남편이 처음이고, 아빠가 처음인데 혼자서 많이 힘들었겠다고. 그 일이 있고 난 후에 남은 우리 가족은 저마다 감정적으로 절대 쉽지 않은 시간을 보냈다. 그리고 꽤 긴 시간이 흘러 재재작년에 아빠는 재혼을 했다.

새엄마는 국어 선생님이신데 그래서 그런지 인상과 성격이 온화하시다. 그리고 날마다 친할머니께 전화를 드리고 항상 나와 동생의 상태를 확인해 주신다. 밥은 잘 먹었는지, 아픈 곳은 없는지, 힘든 일은 없는지 다정한 목소리로 물으시는데 그런 사소한 안부가 참 따뜻하고 감사하다.

그동안 우리 가족이 기나긴 겨울을 보내고 있었다면 새엄마는 봄바람과 같은 역할을 해 주시고 계신다. 실제로 집안 분위기도 따뜻해졌고 덕분에 아빠도 웃는 날이 많아졌으며 나와 동생도 전보다 심리적으로 안정된 상태를 유지하고 있다.

이제 새롭게 가족이 되었지만, 아직은 서로가 서로에게 처음이라 함께한 시간이 좀 지났다고 하더라도 분명 여전히 서투른 부분이 존재할 테다. 더구나 집에서는 감정 표현이 인색한 아들인 데다가 올해부터 독립을 하는 바람에 어딘가 죄송한 마음도 있다. 그래도 이 글을 통해 용기를 내고 싶다.

"우리, 앞으로 애틋한 추억 많이 만들며 밀린 행복 원 없이 자주 누리며 살아요. 늘 감사하고 또 사랑해요. 그리고 무엇보다 건강하셔야 해요."

우는 법을 잊지 않기를

걱정을 그만 걱정하고 싶다. 마음이 좀 잔잔해졌으면 참 좋겠는데.

가끔 그런 날이 있다. 나의 힘듦을 달랠 수 있을 만한 것이 하나도 보이지 않는 날. 오직 할 수 있는 것이라곤 그저 무너지는 것밖에 없는 날. 아무래도 오늘은 울어야 할 것 같은 날이다. 나는 내가 우는 법을 잊어버리지 않기를 바란다. 이것만큼은 잃어버리지 않기를 바란다.

울기에 오래된 일은 없다

 슬픔에는 유통 기한이 없다. 구체적인 날을 정해 언제까지만 아파할 수 있는 것이 아니다. 겉으로 다친 것은 한 번으로 보일지 몰라도 그 경험으로 인해 안에서 되풀이되는 통증은 셀 수 없이 이어졌을 테니까. 그러니까 마음 놓고 아파해도 된다. 눈치를 보지 않고 망가져도 된다. 아주 엉망이어도 된다.

 누군가는 오래도록 슬퍼하는 당신의 모습을 보고 이런 말을 할 수도 있겠다.

 "지금 많이 힘든 건 알겠는데, 세상에서 너 혼자 그런 것도 아니고 이제 좀 그만 할 때도 된 거 아니냐."라고.

 정말 어처구니없는 소리. 당사자가 된다면 말처럼 쉽게 그럴 수 있는 것이 아닌데 말이다. 사실 그 누구보다 이 슬픔을 이겨 내기 위한 방법을 잘 알고 있지만 생각처럼 마음이 괜찮아지지 않을 것이다. 나도 그랬으니까.

　세상 어디에도 타인의 아픔에 대해 함부로 말을 해도 되는 사람은 없다. 설령 비슷한 경험이 있는 사람이라도 저마다 감당할 수 있는 역량이 다르므로 그런 식으로 말해서는 안 된다. 같은 상황이라고 해도 누구는 금방 극복해 낼 수 있지만 다른 누구는 몇 년 전의 아픔도 매일 어제와 같은 상처처럼 쓰라릴 수 있으니까.

　제발 힘든 것을 숨기려고 하지 않았으면 한다. 전혀 부끄러운 일이 아니다. 또한, 억지로 잊으려고도 하지 않았으면 한다. 서둘러 지워야 할 일이 아니다. 충분한 시간을 써서 마음이 담담히 받아들일 수 있을 때까지 마주하고 부딪쳤으면 좋겠다. 애초에 이겨 낸다는 것이 말이 되지 않는다. 당신이 지금 이렇게나 힘든데, 나날을 간신히 버텨 내는 것조차 이렇게나 버거운데 어떻게 더 힘을 내서 이겨 낼 수 있을까. 우주 어디에도 울기 오래된 일은 없다. 차오를 때는 그냥 흘려버리자. 충분히 주저앉아서 슬퍼하고 원 없이 무너지고 아파해야 한다. 그러다 보면 자연스럽게 일어날 수 있는 힘이 생길 때가 온다. 그때 다시 일어서면 된다. 그래도 된다.

　당신의 마음에도 날씨가 있다면 따뜻하고 화창한 햇살이 꽤 길었던 먹구름을 걷어 낸 어느 날, 문득 우편함에 도착한 한 통의 편지처럼 이런 말을 건네고 싶다.

∞

'참 고생한 당신, 지겹도록 힘들었으니
이제 좀 행복해졌으면 좋겠다'라고.

온통 떠안을 필요는 없다

사람은 수많은 인간관계를 맺으며 살아간다. 가족, 친구, 연인, 선후배, 동료 등등 다양하다. 그런데 세상 사람들이 전부 똑같지는 않기에 지내다 보면 마찰이 생기는 것은 지극히 이상한 일이 아니고 그 갈등의 부산물로 불편한 감정이 발생하곤 한다. 그런데 어떤 사람은 인간관계에서 일어나는 감정들이 모두 자신만의 잘못이라고 생각하고 혼자서 다 안고 가려고 한다.

바로 지난날의 내가 그랬다. 관계가 틀어졌을 때 괜히 나 때문에 벌어진 상황인 것 같고 내가 아니었다면 불필요하게 낭비되지 않았을 감정이라고 여겼다. 그래서 죄책감에 시달렸던 적도 있었다. 그런데 지금은 아니다. 가만히 생각해 보니 그랬다. 관계는 최소한 둘 이상의 사람이 관련

될 때 이루어지는 것이기에 사람 사이에서 발생한 일에 대해서는 그 책임 또한 최소한 둘 이상이 져야 하는 것이었다. 만약 시간을 되돌아갈 수 있다면 그때의 나에게 말해 주고 싶다. '너 혼자서 온통 떠안으려고 하지 않아도 된다고. 어긋난 상황은 네가 혼자서 감당해야 할 부분이 아니고 네가 혼자서 감당할 수 있는 부분도 아니라고. 너는 그저 너의 감정만 책임을 지면 된다고.'

 구태여 다른 사람이 느끼는 감정의 추이를 과도하게 살피고 짐작하면서까지 당신의 소중한 마음을 허비하지 않아도 된다. 그것은 당신의 몫이 아니다.

잘 잊고 있다

 사람의 마음은 저마다 판이하다. 얼핏 보면 다 비슷한 것처럼 보여도 찾아온 감정을 받아들이는 방식과 그것을 해소하는 데까지 소요되는 시간에도 차이를 보인다. 즉, 개인이 감당해 낼 수 있는 총량이 다른 것이다. 그래서 누군가는 오래지 않아 이별을 끝내고 어렵지 않게 다시 사랑을 시작하지만, 다른 누군가에게는 헤어진다는 것이 오래도록 깊은 우울을 붙잡고 있어야만 하는 일일 수 있고 또 새로운 사람을 만난다는 것이 너무 막연하고 어렵게만 느껴질 수도 있다.

 그런데 이것은 그저 단순한 차이점일 뿐이다. 말 그대로 같지 않고 다른 점일 뿐이지 무엇이 맞고 틀리다고 말할 수 있는 부분은 아니다. 혹시나 당신이 기억을 매듭짓는 일에 미숙한 사람이라면, 나는 당신에게 '속력에 집착하지 않았으면 좋겠다'라는 말을 건네고 싶다. 이별은 얼마나 빠르게 정리하는지가 중요한 것이 아니라 얼마나 견고하게 정리하는지가 중요한 것이니까. 부디 절대로 조급해하거나 전혀 나아지지 않는 것 같은 자신을 자책하지 않았으면 좋겠다. 그냥 이렇게 생각해 보는 것은 어떨까.

'나의 이별은 순항하고 있다고. 차례대로 잘 잊는 중이고 올바른 방향으로 문제없이 나아가고 있는데 내가 워낙 정이 많은 사람이고 편법도 모르는 사람이라서 다소 시간이 걸릴 뿐이라고. 그렇지만 한번 가다듬은 감정에는 다시 흔들리지 않는다고.'

당신은 별문제 없이 잘 헤어지고 있다. 남들보다 조금 느린 이별이지만, 보다 확실한 이별을 하고 있는 것이다. 그러니 자신을 몰아세우고 나무라지 않기를 바란다. 얼마든지 지금처럼 천천히 아파해도 된다. 남들의 시선과 흘러가는 시간에 구애받지 않고 충분히 비워 내기를 바란다. 그래도 괜찮다.

∞

지나간 시간에도 지나갈 시간이 필요하다.

시간이 약이라는 말

 누군가는 시간이 약이라고 말한다. 마치 이 시간만 지나면 지난날의 아픔이 아예 없었던 일이 되는 것처럼. 그러나 엄연히 시간은 약이 아니다. 그저 처방전일 뿐이지. 약은 다름 아닌 마음가짐이다. 그렇기에 그때의 일만 떠올리면 여전히 눈물부터 차오르는 당신이 부디 마음을 굳게 먹었으면 좋겠다.

 나 또한 사랑하는 사람을 먼저 보낸 경험이 있는 사람으로서 괜찮아진다는 것이 결코 말처럼 쉽지 않다는 것을 너무나 잘 알고 있다. 게다가 나 역시도 당신에게 이런 위로를 건네는 것이 편하지만은 않다. 누군가의 아픔을 어루만지는 일에는 상당한 세심함과 조심성이 필요하니까. 또, 어떤 이들에게는 그날의 기억과 잠시 스치는 것조차 죽을 것처럼 힘겨워서 마음 깊은 곳에 묻어 두고 괜찮은 척, 무심한 척 근근이 살아가고 있을 텐데 내가 괜히 그 아픔을 건드리는 것만 같아서.

그럼에도 모든 어려움을 무릅쓰고 간절히 전하고 싶은 말이 있다면, 이 세상을 떠난 마음과 이 세상에 남은 마음이 서로를 그리워하고 사랑한다는 사실은 영구히 변하거나 사라지지 않으니 남은 아픔이 있다면 천천히 슬퍼하고 비우되 다시금 행복해지려는 노력을 절대 멈추지 않기를 바란다는 진심을 전하고 싶다. 혼자서 밥도 제때 챙겨 먹고, 당신의 사람들과 좋은 이야기도 많이 나누며, 공허한 새벽에도 밝은 생각을 하고, 기회가 된다면 며칠 멀리 떠나기도 했으면 좋겠다. 어쩌면 그것이 먼저 떠나간 마음이 남겨진 마음에게 전하지 못한 마지막 바람일지도 모른다.

비록 앞으로도 감당하기에 쉽지 않은 감정은 당신의 마음에 수없이 들이닥칠 것이고 어떤 날에는 한계를 느끼는 순간도 있겠지만 당신이 더욱이 아름답고 찬란할 당신의 삶을 포기하지 않고 잘 살 수 있기를 이렇게 빈다.

∞

나는 일말의 요동도 없이 굳게 믿는다.

당신의 마음이 잘 버텨 낼 수 있음을.

모래사장 위의 글씨

자명하게도 만남이 있다면 헤어짐은 너무나 자연스러운 것이겠지. 그런데 나에게는 그 자연스러움이 왜 이다지 부자연스러운지 모르겠다. 이별을 겪은 후에 가장 어색했고 어려웠던 점이라면 네가 늘 있었던 곳에 이제 더 이상 네가 없다는 차가운 현실이었으니까.

너는 내가 조금만 아파도 약봉지를 쥐고서 뛰어오던 사람이었다. 가쁜 숨을 몰아쉬면서 괜찮은 것인지, 병원에 가야 하는 것은 아닌지, 뭐라도 좀 먹었는지 쉴 새 없이 나의 상태를 확인하던 사람이었다. 그런데 지금의 나는 너의 부재 속에서 이리도 아파하고 있고, 너는 나의 안부를 더는 묻지 않는다.

이대로는 도저히 안 될 것 같아서 한번은 연락처를 뒤적거리며 일부러

연달아 약속을 잡기도 했다. 바쁘게 사람들을 만나다 보면 좀 나아질까 해서. 하지만 그것도 오래가지 못했다. 너를 품은 마음은 자주 탈이 났고 나는 점차 야위어 갔다.

괜히 세상을 원망하기도 했다. 이 관계의 끝에서 책임져야 할 감정들이 유달리 나에게만 혹독한 것 같아서. 어떤 낮에는 짧은 시간에 달라진 이 낯선 세상이 무섭고 덜컥 겁이 나 길거리에서 왈칵 눈물을 쏟아야만 했고, 어떤 밤에는 열심히 쌓아 온 시간이 와르르 무너진 것 같아서 붉게 충혈된 눈으로 멍하니 아침을 맞이해야만 했다.

구질구질하지만 어떤 날에는 나와 달리 밝게 지내는 너의 근황을 보며 우리가 한때 같은 사랑을 했었는지 의심하기도 했다. 그러다 때때로 너는 아주 못된 사람이라고 푸념하기도 했고 어떻게든 안에서 내몰려고 한껏 증오하기도 했다. 지나고 보면 너는 나에게 얼마 되지 않는 멍울일 텐데 꼭 수년을 앓았던 병처럼 괴로워했다. 생각이 조금만 움직여도 이루 말할 수 없는 통증이 시작되곤 했으니까.

차라리 남 탓이라도 하고 싶었다. 이 관계가 이렇게까지 나빠져야만 했던 이유가 우리 사이에 있지 않기를 바랐다. 나의 잘못도 아니고 너의 잘못도 아니며 그냥 어쩔 수 없이 언젠가 끊어져야만 했던 관계였다고. 사실 대단한 의미는 없겠지만, 그렇게라도 이 끔찍한 아픔을 한시적으로

나마 회피하고 싶었다.

더 나은 인연으로 남을 수 없었던 우리를 끝까지 인정하기 싫었지만, 등을 돌리고 나날이 눈에 띄게 멀어지는 너의 뒷모습을 보며 이 연애는 완전히 끝에 이르렀음을 받아들이고 체념해야 했다.

너는 나에게 그런 사람이었다. 수시로 먼 미래를 생각하게 했던 사람. 그런데 불이 꺼진 사랑이 태운 자리를 수습하는 일은 생각보다 길지 않았던 발화와는 달리 한참을 지우고 또 지우기를 반복해야만 했다.

사랑은 유독 마음이 여린 쪽에게 가혹하다. 나는 너 없이 네가 아닌 너와 수차례 헤어져야 했고 그렇게 떠맡은 이별은 몇 번을 거듭해도 결코 무디어지지 않았다. 마치 아물지 못한 상처에 계속해서 덧나는 염증과도 같았다.

시간이 한참 지나고 나니 그런 생각이 들더라. 정성스레 썼던 우리의 사랑은 한낱 모래사장 위의 글씨였다고. 단 한 번의 파도에도 속절없이 원래 없었던 것처럼 사라지고야 마는. 그것을 누구보다 잘 알고 있음에도 나는 이따금씩 부질없는 너의 이름을 쓰려고 바다를 찾곤 한다. 아둔하고 미련스럽게도.

8

나는 너의 파편 속에 산다.

햇살이 눈부시게 내리비치는 아침에도,

구름이 줄지어 행렬하는 낮에도,

달빛이 등대 역할을 자처하는 밤에도.

그 어디에도 너는 부서져 있고

나는 그런 세상에 살고 있다.

빌려주고 싶은 문장이 있다

    요새는 눈물 한 방울 없는 그리움에 잠기곤 한다. 선명하지는 않지만 낯익은 기억들이 떠오른다. 주마등처럼 스치는 장면들. 거짓말을 좀 보태어 진저리가 나는 이 이별도 머지않아 끝나려나 보다.

    그래, 그동안 나는 아직 우리의 시절을 비밀스러운 어딘가에 품고 지냈다. 공허한 마음에는 알 수 없는 감정들이 길게 줄지어 있다. 그것들을 따라가다 보니 어느새 너의 잔상 앞에 멈추어 있다. 그 모습은 엄연히 너라고 해도 네가 아닐 테다. 너의 잔상과는 이별을 한 일이 없으니 나를 그렇게까지 싫어하지도 않을 테다. 따라서 나를 사랑하는 일 또한 그리 어렵지 않을 테다. 아니, 나를 사랑하는 일은 정말 쉽기만 한데 너는 그마저도 하지 않으려 한다.

아프지 않으려고 얼마나 아팠는지 모르겠다. 비록 시간이 많이 흘렀지만, 이제 와서 너에게 빌려주고 싶은 문장들이 있다. 너도 가끔은 나를 그리워했는지, 그렇게 우리가 헤어진 것을 후회했는지, 이별 후에 나만큼 힘들어했는지. 돌려받지 못하더라도 그냥 너의 마음 어딘가에 내려놓고 싶은 그런 말들이 있다.

여전히 미련이 남았다는 것은 아직 전하지 못한 마음이 숱하다는 것. 언제쯤이면 아프게 지나간 것들을 작은 추억으로 넘길 수 있을까. 살다가 가끔 그리울 때면 남몰래 돌아볼 수 있을 만큼만.

첫사랑

 내가 그 사람을 단순히 그리워하기만 했다면 지금 당장이라도 하던 모든 것을 내팽개치고 신발을 신는 것도 잊은 채 선바람으로 한달음에 달려갈 수 있었다. 그 정도로 나에게 그 사람은 간절했고 절실했다. 그러나 그 사람은 이런 나의 마음을 아파했다. 그래서 차마 겉으로 티를 낼 수 없었다. 나에게 있어서 그 사람을 사랑하는 일은 그랬다. 점점 혼자서도 거뜬히 해낼 수 있게 되었다.

 어느 날 누군가가 나에게 첫사랑의 정의를 물었던 적이 있었다. 그 물음에 나는 첫사랑이라는 것은 처음 사랑했던 사람이 아니라 가장 많이 사랑했던 사람이라고 대답했다. 그래, 그 사람은 나의 사랑이었다.

 그것도 첫사랑.

8

우리도 남들처럼 헤어질 수 있었구나.

좋았던 날들까지 미워하지 않기를

 이별을 객관적으로 받아들이지 못하는 사람들이 있다. 현실을 부정하며 상대가 다시 자신에게로 돌아올 것이라고 믿는다. 이런 마음은 시간이 지날수록 원망이나 분노로 변하게 되는데 깊은 상실감에 빠져 불행의 책임을 상대방에게 전가하는 지경에 이르기도 한다. 심리학에서는 이것을 하나의 방어 기제로서 투사라고 본다. 이별을 자신의 탓이라고 인정하기에는 너무 버겁고 힘겨우니까 상대를 증오함으로써 내면의 부담과 불편을 해소하려는 것이다. 한때 자신이 그 누구보다 사랑했던 사람이었음에도 불구하고.

 이별은 누구의 잘잘못을 따지는 문제가 아니다. 어쩌면 그저 불가피한 일이고 이미 정해져 있었을 수도 있으며 노력한다고 달라질 일이 아니다.

단지 인연이 아니었을 뿐이다. 그 사람은 내가 아니므로 내 마음과 같을 수 없는 것은 그리 신기한 일도 아니다.

   사람을 이해하는 일은 절대 쉽지 않다. 어떤 사람을 이해하는 데는 평생이라는 시간을 써도 부족하곤 하니까. 누군가의 입장을 공감한다는 것은 그만큼 어려운 일이다. 괜찮은 이별이 어디 있고 아프지 않은 헤어짐이 어디 있을까. 그냥 괜찮아 보이는 것이고, 아프지 않아 보이는 것일 테지. 사람을 정리하고 관계를 끝맺는 일은 겉으로 보이는 것과는 전혀 다른 일이니까.

   모든 끝에는 아쉬움과 미련이 남기 마련이다. 그리고 그것을 어느 한 쪽이 일방적으로 책임져야 하는 것도 아니다. 좋았던 기억은 그냥 그것 그대로 남기자. 구태여 헐뜯거나 변질시키지 않아도 된다. 물론 그 사람이 보였던 실망스럽고 아픈 순간은 얼마든 미워해도 되지만 한 시절 사랑했던 서로의 시간까지 죽도록 미워할 필요는 없다.

지나간 사람은 잊자

나는 연애를 시작하면 모든 것을 쏟아붓는 유형의 사람이다. 이런 점이 사람을 만날 때는 좋을지 모르겠지만 사람과 헤어질 때는 치명적인 단점이 된다. 이별은 이제 막 시작되었는데 내게는 번번이 그것을 감당할 힘이 남아 있지 않았으니까. 그냥 남들도 다 하는 이별 한 번 했을 뿐인데 그게 도대체 뭐라고 그 시간을 잊지 못하고 있을까. 그 사람이 뭐라고. 그 사랑이 뭐라고. 이 그리움이 얼마나 짙으면 시선이 닿는 곳마다 그때의 우리가 이렇게나 선할까.

사람을 사귀는 일이 점점 두려워진다. 예전에는 다른 점이 아홉 개라고 해도 비슷한 점 하나만 보고 다가가곤 했는데 이제는 똑같은 점이 아흔아홉 개라고 해도 크게 다른 점이 하나라도 있으면 멈칫하게 된다.

만남은 언제나 헤어짐을 내재하고 있고 사람은 아픔을 통해 성숙을 이룬다지만, 마음속에서 온전히 아물지 않은 상처가 여전히 두렵기 때문일까. 그 1%의 차이점이 99%의 공통점을 무너트릴까 봐 겁이 났던 것일까. 텅 빈 마음의 문을 다시 굳게 닫는다. 또 너일까 봐, 또 네가 될까 봐.

∞

이제 그만 지나간 사람은 잊을 수 있기를.

그러나 그 사람이 남긴 교훈은 잊지 않기를.

같은 아픔이 반복되지 않도록.

상처 위에 상처가 거듭되지 않도록.

살아 낸 것만으로도

꼭 매일 대단한 무엇을 해야만 하는 것은 아니다. 어떤 날은 아무런 계획도 없이 그냥 숨을 쉬기만 해도, 굳이 생산적인 활동을 따로 하지 않아도, 그저 별 탈 없이 하루를 살아 냈다는 이유만으로 칭찬을 받아도 될 때가 있다. 지금, 이렇게 버텨 낸 것만으로도 이미 당신은 충분히 잘했고 잘하고 있다.

그래, 그 긴 시간을 거쳐 여기까지 잘 왔다. 스스로를 잃어버리지 않고 정말 잘 왔다. 혼자서 쉽지 않았을 텐데 진심으로 기특하고 대견하고 훌륭하다. 나는 그런 당신이 오늘 참 자랑스럽다.

감정 표현이 서툰 당신에게

 감정을 밖으로 드러내는 일은 여실히 쉽지 않다. 남들이 어떻게 생각할지 신경도 쓰일 테고 나약하게 비추어질 자기 자신이 초라하게 느껴질 수도 있다. 하지만 이것은 부끄럽거나 창피한 일이 전혀 아니다. 더욱이 자존심이 상하는 일도 아니고. 아프다면 아프다고 말해도 된다. 지친다면 지친다고 말해도 된다. 하지 못할 것 같으면 하지 못하겠다고 말해도 된다. 그런다고 해서 당신의 삶에 당장 엄청난 문제가 발생하는 것은 아니니까.

 겉으로는 아무렇지 않은 척하며 살고 있지만 속으로는 아무 소리 없이 울고 있는 당신에게, 삶을 지탱하는 것이 되게 버겁고 매일의 감정을 제때 제대로 해소하지 못해 거북한 하루를 보내고 있을 당신에게 꼭 말해주고 싶다.

"힘들면 힘든 내색을 보여도 되고, 당신도 당신의 바람을 간절히 티 내며 살아도 된다고. 혼자서만 다 감당하려고 하거나 속으로만 다 삭이려고 하지 않아도 된다고."

행복에 큰 욕심이 없어 보이는 것 같지만, 아픔에 별 미련이 없어 보이는 것 같지만 실은 누구보다 행복해지기를 바라고 아프지 않기를 바라는 당신에게 무한한 응원을 보내는 마음이다.

누군가에게 진심 어린 응원을 건넨다는 것은 때로는 수천수만 마디의 화려한 말보다 따뜻한 마음의 온기로 아늑히 감싸 주고 안아 주는 것. 당신은 혼자가 아니라고, 속에 있는 것들을 좀 공유해도 된다고, 그런 당신을 온 마음을 다해 지지한다고, 모두 괜찮을 것이라고. 나는 이렇게 당신을 끌어안아 본다.

그동안 땅만 보고 외로이 무거운 짐을 짊어지느라 참 애썼다. 이제는 그것들을 좀 내려놓을 수 있기를, 그런 용기가 당신에게 피어나기를, 그래서 당신이 밝은 표정으로 하늘도 바라보고 주변 풍경도 감상할 수 있기를 지극히 바란다.

∞

오늘은 이만 걱정을 접어 두자.
모든 문제가 말끔히 사라진 것은 아닐 테지만
시간은 어떻게든 좋은 방향으로 흘러갈 테다.
푹 자자.
내일은 오늘보다 더 어른이 된 당신이
현명하게 문제를 마주할 테니.

방황 속에서 점검해 보아야 할 것들

하나,　어젯밤에 잠은 푹 잤는지.

둘,　　끼니는 거르지 않고 잘 챙겨 먹었는지.

셋,　　오늘 하루 햇볕을 제대로 받았는지.

넷,　　땀이 맺힐 만큼 운동을 했는지.

다섯,　언제부터 마음이 불편했는지.

여섯,　마음이 아픈 이유를 말할 수 있는지.

일곱,　이 감정을 다른 사람에게 털어놓은 적이 있었는지.

여덟,　처한 상황을 벗어날 용기와 의지와 여력이 있는지.

아홉,　자기 자신에게 괜찮다고 말해 주었는지.

열,　　스스로에게 괜찮지 않아도 된다고 말해 주었는지.

엉망이어도 돼

 바쁘게 지나가는 일상에서 가끔은 자기 자신이 너무 많은 고민과 걱정을 끌어안고 있다는 생각이 들 때가 있을 것이다. 그것이 좀 심할 때는 하루를 시작하고 끝마칠 때까지 내내 심란한 기분으로 지낸 날도 있었을 테고. 또 어떤 이들은 혼자서 속을 애태우며 해야 할 것을 하지 못했을 수도 있다.

 그런데 사실 당신도 이미 알고 있듯이 걱정의 대부분은 시간이 지나면서 자연스레 사라지게 되어 있다. 당장 작년 이맘때만 생각해도 그렇다. 그때의 나 자신이 무슨 고민을 했었는지, 어떤 일로 마음을 졸였었는지 기억이 잘 나지 않는 것들이 수두룩할 테니까.

 생각해 보면 우리의 삶은 노상 크고 작은 불안의 연속이었다. 그리고 마음을 먹고 나쁜 쪽으로 생각하려고 하면 얼마든지 좋지 않게 여길 수 있었다. 이런 감정은 오히려 관심을 주면 줄수록 그 몸집을 거대하게 키우기 마련이고 이런 상태가 지속되면 우리의 마음은 시커멓게 타 버리게 된다. 물론 알맞은 양의 고민과 걱정은 오히려 삶에 도움을 줄 수도 있다. 하지만 과다한 양의 어수선한 생각들은 당신의 몸과 마음을 망가지게 할 것이다. 그렇기에 내면에 너무 지나치게 물들지 않도록 주의해야 하며 제때 흘려보내야 한다.

하지만 말처럼, 마음처럼 쉽지만은 않다. 때때로 골치 아프고 끈질긴 근심거리를 만나게 되면 그것을 처리하는 데 있어서 큰 고역을 치를 수도 있다. 그래도 우리 너무 깊은 우울에 빠져 있지는 말자. 어떻게 보면 그런 일들이 있기에 우리네 인생이 지루하거나 밋밋하게만 느껴지지 않는 것일 테고 더 나아가 다른 좋은 일들을 더욱 감사하게 느낄 수 있는 것이니까.

그냥 좀 뒤숭숭한 날에는 이렇게 생각하자.

'오늘 하루 정도는 좀 엉망이어도 돼'라고.

∞

푹 자고 일어나면
지난날 당신을 끊임없이 괴롭히던 우려가
깨끗하게 사라졌으면 좋겠다.
그런 하루를 맞이할 수 있기를.

외로움에 잠식되지 않기를 바란다

어디다 마음 둘 데 없는 외로움이 있다. 가끔은 그 감정을 감당하는 게 버거워서 아무에게나 풀어놓았던 적도 있었고 상대의 품에 안겨 밤을 잊어 보려고 했던 적도 있었다. 하지만 지나고 보니 다 그때뿐이더라. 결국 더 큰 적막함만 남게 되더라.

오직 사람을 통해서만 외로움을 해소하려는 태도는 좋지 않다. 그렇게 되면 끊임없이 자기 자신을 채워 줄 누군가만 찾게 될 테니까. 물론 사람을 만나는 것도 좋지만, 분명한 것은 다른 방법도 병행해야 한다. 가령 말하자면 가만히 앉아 명상을 한다거나, 주변 환경을 새롭게 바꾼다거나, 목표를 잡고 운동을 한다거나, 색다른 취미를 가져 보는 것 말이다. 그중에 혼자서 생각하고 받아들일 수 있는 시간을 가지는 것은 정말 중요하다.

일단 나 자신이 어떤 상태인지 정확히 알아야 문제에 대응하기도 수월할 테니 말이다.

나는 부디 당신이 고독으로부터 잠식되지 않기를 바란다. 스스로를 더욱 사랑하고 아끼고 소중히 여기면서 찾아온 공허함을 잘 흘려보내자. 해소하고 보면 결국 아무것도 아닌 것들이다.

∞

가끔은 가만히 자신의 마음을 들여다볼 수 있기를.
그 안에 무엇이 들어 있는지.
무엇이 당신을 슬프게 하고 기쁘게 하는지.
그것을 아는 것은 정말 중요하니까.

인연은 계속 될 테니까

 살다 보면 좋은 사람도 만나게 되고 좋지 않은 사람도 마주치게 되며 때로는 아쉬운 사람을 보내야 할 때도 있고 사무치는 사람을 잊어야 할 때도 있다. 그럴 때마다 우리는 모든 인연에 대해서 지나친 집착이나 미련을 갖지 않는 것이 좋다. 왜냐하면 모든 관계에는 기한이 있고 저마다 주어진 시간이 다르기 때문이다.

 세상에는 어떻게든 유지되는 인연이 있는 반면에 어떻게든 끊어지게 되는 인연도 있다. 그냥 그 사람과 당신의 운명인 것이다. 그런데 이것을 부정하기 시작하면 그때부터 사람은 한없이 초라해진다. 그러니까 다가오는 사람을 너무 밀어내지만 말고 멀어지는 사람을 너무 붙잡지도 말자. 결국 남게 될 사람은 남게 되고 떠나야 할 사람은 떠나게 될 테니까.

그래도 그나마 다행인 것은 새로운 인연은 계속 오게 되어 있다는 것이다. 그리고 당신이 좋은 사람이라면 그만큼 좋은 인연이 더 자주 찾아올 것이다. 따라서 당장의 외로움에 잠식되어 지난 관계를 공연히 들추어 보거나 스치는 인연에 매달리지 말자.

  인간관계에서는 조급함을 경계해야 한다. 지나고 보니 그렇더라. 내 마음이 다가간다고 해서 반드시 상대의 마음과 가까워질 수 있는 것은 아니더라. 여유를 가지자. 꼭 그 사람과 상황이 아니어도 된다는 마음으로. 성급하게 자꾸 재촉하다 보면 일을 그르치기 쉽다. 침착하게 생각하고 차분하게 행동하자. 당신에게도 분명히 좋은 사람이 나타날 것이다.

∞

아무렇지 않다고 하면
그것은 명백한 거짓말이겠지만,
그럼에도 불구하고
다시 씩씩하게 살아가야 할 것을 나는 안다.

나를 싫어하는 사람

 전에는 누가 나를 싫어하면 일단 마음이 너무 힘들었다. 딱히 무슨 잘못을 하지 않았음에도 울렁이는 마음을 부여잡고 추스르기 바빴다. 그러다가 나를 미워하게 된 이유를 물어보고 이대로 관계가 틀어지는 것이 두려워 변명을 하다가 한참 자책하기 일쑤였는데 이제는 그냥 같이 싫어해 버린다. 모두의 입맛을 맞추어 갈 만큼 너그럽게 살지 않기로 했다. 어차피 그러려고 해도 그럴 수 없는 일이기도 하고.

 남들이 당신을 나쁘게 말한다고 해서 그 사람들의 말처럼 당신이 정말 좋지 않은 사람이 되는 것은 아니다. 개인의 감상과 표현은 자유이니까 그들이 뒤에서 뭐라고 말하든 낱낱이 반응하지 말자. 그런 의미 없는 말에 번번이 호응하게 되면 결국 타인이 당신을 결정하게 된다. 어떤 경우에도 당신은 당신으로 하여금 살아가야 한다.

  당신 역시 모든 사람을 좋아하지 않는 것처럼 세상에는 당신의 일에 관심이 없거나 당신을 싫어하는 사람이 어쩔 수 없이 존재하기 마련이다. 그렇기에 그런 사람들로 인해서 너무 상처받을 필요 없다. 그들의 감정은 당신의 감정처럼 자연스러운 현상일 뿐이다. 부디 당신이 담아 두지 않아도 될 것들로 인해서 크게 동요되지 않았으면 좋겠다.

거절은 무례한 것이 아니다

거절이 어렵기만 한 사람이 있다. 상대가 무리한 부탁을 하는데도 싫다고 말을 하지 못하고 끝내 다 들어주기 바쁜 사람. 보통 이런 사람들은 자신의 거부가 상대의 마음을 다치게 하는 일이라고 여기는 경우가 많다. 그래서 의도치 않게 거절하게 되었을 때 도리어 상대에게 사과하는 모습을 보이곤 한다. 또한, 그러다가 관계라도 어긋나면 혼자서 죄책감에 빠져 자책하며 지나간 일을 자꾸 되돌아보고 자신의 선택을 후회하곤 한다.

그러나 이것은 완전히 잘못되었다. 거절한다고 해서 당신이 나쁘거나 매몰찬 사람이 되는 것은 아니다. 오히려 문제는 타인에게 무리하고 무례한 요청을 하는 사람에게 있다. 상대의 모든 요구를 당신이 긍정적으로 생각해야 하는 것은 아니다. 물론 절실하게 도움이 필요한 상황이거나 진심으로 고마움을 표현할 줄 아는 사람이라면 고려해 볼 수 있겠지만, 그런 것이 아니라면 거절할 것은 단호하게 거절할 수 있었으면 좋겠다. 조금만 차분하고 이성적으로 생각해 보자. 사실 당신은 이미 그 부탁이 부조리한지 아닌지를 누구보다 잘 알고 있다.

자신의 이익과 편의를 위해 남을 보채는 사람들의 억지를 다 받아 주지 말자. 상식적으로 이해하기 힘든 것은 결연하게 거절해도 된다.

8

거절을 잘하는 방법

하나, 눈치를 보지 않기.
둘,   부드러운 표현을 사용하기.
셋,   여지를 남기지 않기.
넷,   이해할 만한 이유를 덧붙이기.
다섯, 알맞은 시기를 활용하기.

살면서 부질없게 느껴졌던 것들

하나, 화를 내야 했던 상황에서 참았던 것.

둘, 남을 위해 나를 지나치게 희생했던 것.

셋, 남의 시선을 너무 의식했던 것.

넷, 이미 지나간 일을 놓지 못했던 것.

다섯, 일어나지도 않은 일을 미리 걱정했던 것.

여섯, 습관처럼 괜찮다는 거짓말을 일삼았던 것.

일곱, 모든 사람에게 좋은 사람이 되려고 했던 것.

놓아야 할 사람

가진 것을 과시하기 바쁜 사람. 감사할 줄 모르는 사람. 당연하지 않은 것을 당연하게 생각하는 사람. 귀를 닫고 무조건 자기 말이 옳다는 사람. 남에게는 엄격하고 자신에게는 너그러운 사람. 사과할 줄 모르는 사람. 번번이 핑계만 늘어놓는 사람. 매사에 부정적인 사람. 비교가 습관이 된 사람. 남의 시간을 하찮게 여기는 사람. 예의와 배려가 없는 사람. 필요할 때만 찾는 사람. 화를 조절하지 못하는 사람. 남을 깎아내리는 것이 일상인 사람. 배신을 일삼는 사람. 나를 초라하게 만드는 사람. 관계에서 노력을 하지 않는 사람. 같은 실수를 계속 반복하는 사람. 거짓말이 자연스러운 사람. 이간질을 즐기는 사람. 열등감이 심한 사람. 약속을 자주 어기는 사람. 지나치게 집착하는 사람. 책임감이 없는 사람. 남을 이용만 하려는 사람. 부끄러움을 모르는 사람. 나쁜 날, 내 곁을 떠나간 사람.

인간관계를 맺다 보면 여러 가지의 이유로 놓아야 마땅한 사람을 놓지 못하고 있을 때가 있다. 벌어진 상황이 자의로 만들어졌든 타의로 만들어졌든 당신이 원하는 대로만 살 수 없는 것이 인생의 숙명이니까. 그러나 잊지 않아야 한다. 지금 당장은 그 관계를 겨우겨우 유지하고 있지만 언젠가는 얽히고설킨 것들로부터 오는 압박감을 이겨 내고 스스로의 힘으로 끊어 내야 할 악연이라는 것을. 그때까지는 당신을 힘들게 하는 대상을 말끔히 정리해 버리기 위한 준비의 과정이라고 생각하자. 그러면 마음이 조금 낫다.

∞

당신을 아프게 하는 사람으로부터
스스로를 좀 떼어 놓기를.
지금 이렇게나 힘들어하는데.

잡아야 할 사람

 겸손한 사람. 보답할 줄 아는 사람. 남의 이야기를 잘 들어 주는 사람. 마찰을 대화로 풀어 가려는 사람. 선을 지키는 사람. 사과할 줄 아는 사람. 인정할 줄 아는 사람. 배려심이 깊은 사람. 공감을 잘하는 사람. 예의가 바른 사람. 배울 점이 많은 사람. 나의 가치를 아껴 주는 사람. 나의 기쁨을 행복으로 생각하는 사람. 나의 결정을 존중하고 응원하는 사람. 싫어하는 행동을 하지 않는 사람. 같은 실수를 되풀이하지 않으려고 노력하는 사람. 약속을 잘 지키는 사람. 말과 행동이 일치하는 사람. 때로는 진심 어린 눈물을 보이는 사람. 긍정적인 생각을 하는 사람. 자기 일을 열심히 하는 사람. 사소한 것을 기억해 주는 사람. 종종 안부를 물어봐 주는 사람. 안정감을 주는 사람. 언제 어디서나 내 편인 사람. 말을 예쁘게 하는 사람. 낭만을 즐길 줄 아는 사람. 결이 비슷한 사람. 좋은 날, 내 곁을 지켜 준 사람.

사람 때문에 몇 번을 크게 다치고 상처를 입으며 아물기를 반복하다 보면 관계에 대해 무기력해질 때가 있다. 그러면서 자연스레 모든 사람들이 원래 이런 것 같고 믿고 마음을 줄 존재가 아무도 없는 것처럼 여겨지기도 한다. 하지만 기억해야 한다. 믿기지 않겠지만 이 세상에는 당신에게 불행을 부과할 사람보다 행복을 선물할 사람이 훨씬 더 많다는 것을. 조급해하지 말고 스스로의 기쁨과 닮은 사람을 맞이하기 위해 마음을 가다듬자. 좋은 사람은 결국 당신에게 안착하게 되어 있다.

∞

그런 사람 손을 꼭 잡고 이렇게 바라자.
'행복아, 멀리 가지 말고
우리 가까이에 꼭 붙어 있어라.'

존중받지 못하는 관계

 세상에 당연한 것은 없다. 관심도, 다정도, 배려도, 이해도, 용서도, 포용도. 당연하지 않은 것을 당연하게 여기는 순간부터 관계에는 금이 가기 시작한다.

 존중받지 못하는 관계는 과감히 정리하자. 상대방에 대한 예의를 상실한 사람과의 관계는 그리 큰 의미가 없다. 지속해 봤자 결국 감정 낭비만 심해질 뿐이다. 그런 사람과의 교류는 이만하면 됐다. 그래, 그만하자. 고작 그 정도의 사람에게 마음을 헤프게 쓰지 않았으면 좋겠다.

 또한, 당신이 애쓰지 않으면 금세 끊어져 버리는 관계도 그냥 정리해 버리는 것이 좋다. 관계는 혼자서 노력한다고 해서 이어 갈 수 있는 것이 아니고, 설령 그렇게 일방적으로 끌고 가더라도 얼마 가지 못하게 된다.

당신에게 그토록 무례하고 차가운 사람에 대한 마음을 비우자.

내려놓아도 된다. 그 사람을, 그 상황을.

숫자는 숫자일 뿐이더라

사람이든 상황이든 그렇더라.

연령이 곧 사람의 성숙함을 의미하지는 않더라. 나이가 많더라도 경솔하고 철이 없으며 한심한 사람이 있었는가 하면, 나이가 적더라도 의젓하고 배울 만한 점이 있으며 어른스러운 사람이 있었다. 이처럼 살아온 세월이 인품을 보증하지는 않더라.

또한, 경험의 수효가 열이면 열, 상황에서의 노련함으로 이어지지는 않더라. 겪은 횟수가 많더라도 여전히 낯설고 어설프며 난해한 상황이 있었는가 하면, 겪은 횟수가 적더라도 능숙하게 금방 잘 적응하여 순조로이 풀어낼 수 있는 상황이 있었다. 마찬가지로 반복되는 순간이 문제 해결을 보장하지는 않더라.

숫자는 숫자일 뿐이었다. 그런 사람은 그런 사람일 뿐이었고 그런 상황은 그런 상황일 뿐이었다. 구태여 바꾸려고 하거나 저항하려고 하지 않아도 되었다. 어차피 내가 신경을 쓰지 않으면 홀로이 수선스럽다가 잠잠해질 테니 마음을 소모하며 저지할 필요도 없이 그냥 있는 그대로 받아들이고 말면 그만이었다.

혹여나 당신을 불편하게 만드는 사람과 상황 때문에 늦은 새벽까지 잠자리에 들지 못하고 있다면 이렇게 생각하는 것은 어떨까. 세상에 악연이나 시련 하나쯤은 있어야 한다고. 그래야 좀 사람 사는 세상일 것이라고. 딱 그렇게만 여기면 된다. 부디 마음을 편하게 가졌으면 좋겠다. 스트레스를 받지 않아도 된다. 끝끝내 주인공은 웃게 되어 있으니.

∞

잊지 않기를 바란다.
당신은 당신의 삶에서
주인공이라는 사실을.

미워하는 일

사람 마음이라는 것이 그렇다. 누군가를 좋아하게 되면 아무리 힘들더라도 버틸 수 있지만 누군가를 미워하게 되면 딱히 별일이 없더라도 혼자서 무너지게 된다.

사람을 미워하는 일을 그만 멈추고 싶다. 단지 그 사람이 나와 맞지 않아서가 아니라, 그 감정을 감당하는 것이 이제는 무섭고 벅차서. 나를 위해서라도 더는 아무도 미워하고 싶지 않다. 몸이든 마음이든 아무런 아픔이 없는 세상에서 살고 싶다. 그것이 불가능한 나의 욕심일지라도.

충분히 잘했다

 원하지 않았던 시간이었을 텐데 참 고생 많았다. 당신을 괴롭히는 생각과 밤을 지새우며 대립하고 온종일 다친 마음을 이끌고 밥까지 걸러 가며 고군분투하다가 해 질 녘이 되어서야 가까스로 안정을 찾은 당신. 하루가 얼마나 험난했고 고달팠을까.

 결과를 떠나서 이미 충분히 잘했다. 스스로를 지키기 위해서 치열하게 투쟁한 당신의 오늘을 진심으로 격려하는 마음이다. 이제 긴장을 좀 풀고 푹 쉬자. 부디 오늘만큼은 아무런 소동이 없이 안온할 수 있기를 바란다. 정말 애썼다.

어서 오렴

뭐, 꼭 딱딱하게 살아야 할 필요가 있나. 그냥 몰랑몰랑하게 살아 보려고 한다. 어차피 인생은 누구에게나 쉽지 않고 해를 거듭할수록 새로운 문제는 계속해서 모습을 드러낼 테다. 그럴 때마다 뻣뻣하고 예민한 마음이라면 사는 것은 점점 지칠 수밖에 없다.

어떤 어려움과 힘듦이 내가 놀라기를 바라며 불쑥 찾아온다면 웃는 얼굴로 이렇게 말해 주어야지.

'어서 와, 지금의 나는 처음이지?'

나 또한 그 어려움이 처음이겠지만, 반대로 생각해 보면 운이 없게도 하필이면 나를 찾아온 그 고난과 역경도 내가 처음일 테다. 즉, 서로가 쉽지 않은 것은 피차일반이라는 말이다. 그렇다면 팽팽한 힘의 균형을 깨트릴 수 있는 요소는 밖이 아니라 바로 나의 안에 있지 않을까.

   상황이 좋지 않을수록 스스로를 믿어야지. 내가 나로서 딴딴해져야지. 그렇게 잘 이겨 내야지.

'내가 과연 잘할 수 있을까'보다
'나는 무조건 잘될 거야'라는 마음가짐으로 사는 것이 좋다.
실제로 그 생각의 차이가
불러일으킬 것들을 생각하면 더더욱.

4장

다시금 웃을 수 있었으면 좋겠다

슬픈 표정보다 웃는 얼굴이
훨씬 더 잘 어울리는 당신에게

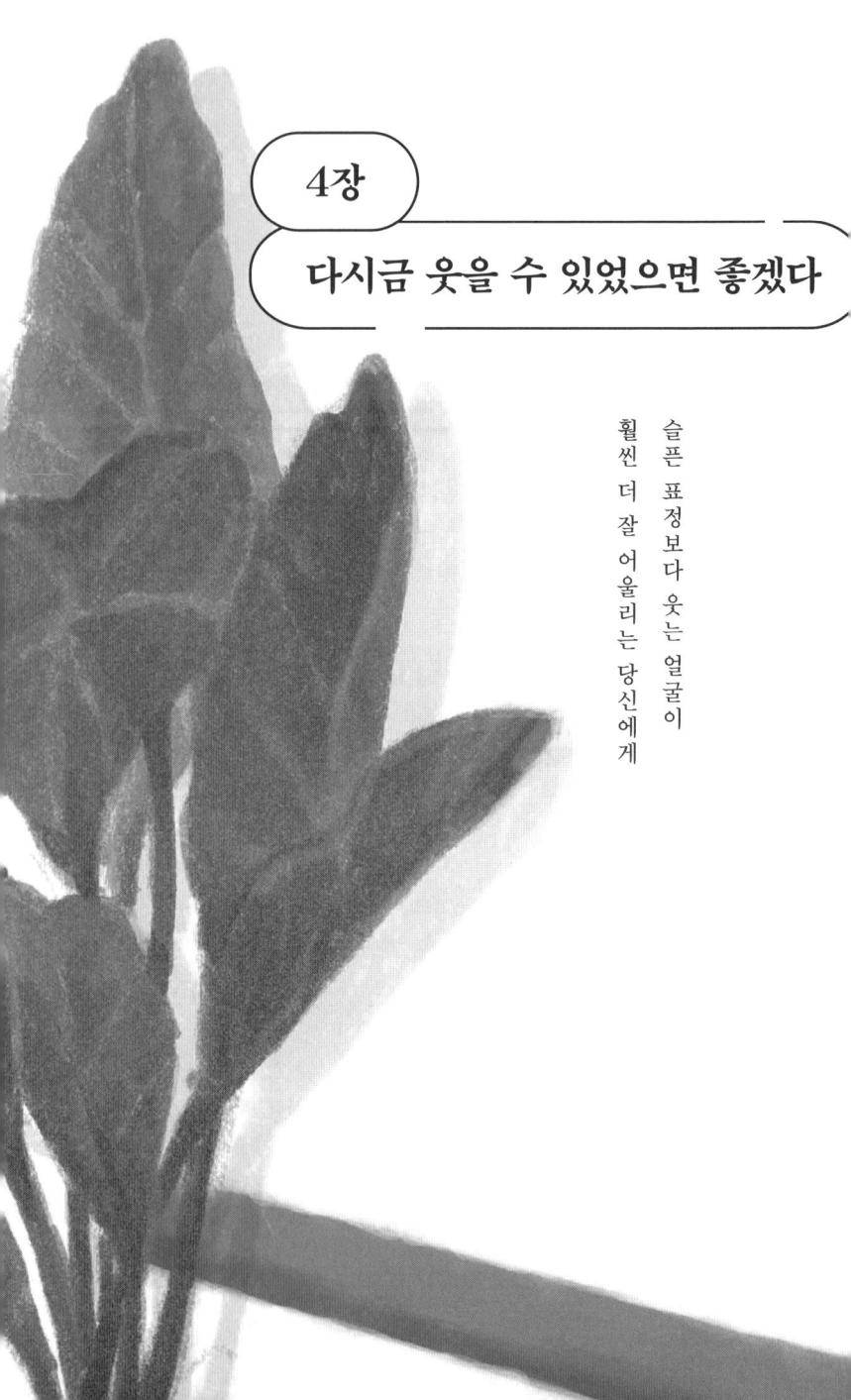

8

그래, 정말 그랬으면 좋겠다.

당신이 다시 활짝 웃었으면 좋겠다.

그렇게 또 나아지면 된다.

감정의 시작점을 찾을 것

 감정은 꼬리에 꼬리를 물고 사방으로 퍼지기 쉽다. 처음에는 보이지 않는 마음에서 시작된 것이 어느새 표정으로 나타나고 이내 말투와 행동에도 지대한 영향을 미치곤 한다.

 요즘 당신이 긍정적인 감정을 지니고 있다면 정말 다행이지만 혹여나 부정적인 감정을 지니고 있다면, 그래서 어수선한 하루가 연일 이어지고 있다면 지나간 시간을 한번 신중하고 세밀하게 살펴보았으면 한다. 부정적인 감정은 실수와 마찰을 유발하고 인간관계와 일상생활에서 좋지 않은 결과를 초래하여 자칫하다가 자존감과 자신감마저 잃게 하는 원인이 될 수 있기 때문이다. 더군다나 이런 감정에 잘못 빠지게 되면 헤어나기도 매우 어렵다. 생각하지 않으려고 하면 할수록 외려 더 빈번하고 선명하게 떠오를 테니까. 그렇게 떠다니게 된 것들은 머지않아 머릿속과 마음속을 온통 어지럽혀 놓을 것이다.

 이런 심란한 상황에서 벗어나기 위해 제시되는 무수한 방법이 있겠지만, 그중에 제일 먼저 해야 할 일은 당신의 감정이 어디서부터 비롯되었는지 그 시작점을 찾는 것이다. 이를테면, 아까는 왜 그 사람의 말에 그렇게까지 예민하게 굴었는지, 저번 그 일에 대해서는 왜 자꾸 아쉬움과 후회가 멈추지 않는지, 최근 들어서는 왜 이리 사람을 만나는 것이 두렵고 무엇을 하더라도 쉽게 지겨움을 느끼며 지치는지, 왜 하필 새벽만 되면 감성에 휘둘려 마음고생을 하게 되는지에 대해서 안팎으로 드러나는 심리와 언행의 출처를 확인하는 것이 우선이 되어야 한다.

 부디 여유를 가지고 당신의 마음을 세심히 들여다보기를 바란다. 그러다 보면 그곳에서 자리하고 있는 여러 문장들을 발견할 수 있을 것이다. 나는 당신이 그 문장들을 천천히 따라가 볼 수 있었으면 좋겠다. 밑줄을 긋고 동그라미도 치고 필요하다면 통째로 옮겨 쓰기도 하면서 말이다. 그렇게 차근히 되짚어 보면 당신에게 그런 감정이 생긴 이유를 알아낼 수 있지 않을까 생각한다.

 물론 세상에는 뜻대로만 되지 않는 일들이 참 많기에 제법 긴 시간을 할애했음에도 불구하고 답을 찾지 못할 수도 있다. 게다가 설령 그 이유를 찾았다고 하더라도 지난날을 온전히 마주하는 것이 난해할 수 있으며 어쩌면 또다시 다치거나 아플 수도 있다.

  하지만 그렇다고 해서 막연히 암울하게만 생각하지 않았으면 좋겠다. 스스로 지나간 날의 마음을 돌아보고 괜찮아지려고 노력하는 일련의 과정을 거쳐 끝끝내 당신은 다시금 활기를 되찾고 밝아질 테니 말이다. 더 나아가 세상을 살아 내면서 흡사한 상황을 겪게 되더라도 한층 성숙하고 슬기롭게 대처할 수 있는 사람으로 성장할 것이다. 겁내지 않기를 바란다. 당신은 이 순간에도 여실히 괜찮아지는 중이고 너무 잘하고 있으니까.

∞

  무릇, 골치 아픈 문제는
대개 그 시발점에서 해답을 찾을 수 있다.

대체 불가능한 존재

세상에는 대체 불가능한 존재가 있다. 어젯밤의 어둠을 밝혀 주는 아침 햇빛, 답답한 감정을 날려 주는 계절의 바람, 힘겨운 생각의 무게를 덜어 주는 파도 소리, 소중히 간직하고 있는 그때의 추억 그리고 이 글을 읽고 있을 당신이라는 사람.

그래, 당신의 자리는 당신 이외에 다른 어떤 존재로도 대신할 수 없다. 당신은 여실히 그런 사람이고 그만한 가치를 지니고 있다. 그러니까 주어진 자신의 삶을 살아가는 것에 대해 자부심을 느꼈으면 좋겠다. 어디를 가서 누구를 만나고 어떤 상황을 마주하더라도 기죽지 않고서 자신 있게 말하고 행동할 수 있는 사람이 되기를 바란다.

이왕이면 남모르게 버티며 애쓰고 있는 당신에게 행운이 따라서 지나간 시간보다 다가올 시간에 미소를 지을 수 있는 일들이 비교도 되지 않을 만큼 더 많이 찾아왔으면 한다. 그래서 기억하기 싫은 날보다 기억하고 싶은 날이 당신의 내면을 빼곡히 채울 수 있다면 정말 소원이 없겠다.

막연하고 어렵게만 생각하지 말자. 당신의 행복은 준비된 당신만이 오롯이 누릴 수 있는 특권이다. 아무도 그것을 가로채거나 방해할 수 없으니 서두르거나 조급해하지 않아도 된다. 그저 자그마한 행복부터 하나씩 챙기며 차근차근 지내다 보면, 그 귀한 마음에 봄날의 햇살을 닮은 어여쁜 꽃송이들이 하나둘씩 피어나기 시작할 것이다.

그렇게 빈틈없이 따뜻하고 꽃 내음이 물씬 풍기며 포근한 기분으로 가득한 내적 계절이 당신에게도 말이다.

∞

오래지 않은 시간이 지나서
당신이 당신 스스로를
자랑스러워할 수 있는 날이 오기를.
그동안의 불안을 떨쳐 버린 듯한 미소와 함께.

나로 살아가기

　인생에서 가장 어리석은 일은 타인을 지나치게 의식하며 살아가는 것이다. 남들이 이상하게 생각할까 봐 잔뜩 움츠러들고, 그 사람이 싫어할까 봐 타인의 기준에 자신을 억지로 꿰맞추며, 누군가에게 얕보일까 봐 무리해서라도 부풀리는 것. 그들이 대신하여 어떤 날을 살아 주거나 어떤 일을 책임져 주는 것도 아니고 더 나아가서 그들이 당신의 운명을 결정짓는 것도 아닌데 말이다.

　남의 눈치를 보면서 살면 자기 인생이 점점 피곤해지고 피폐해진다. 언제든 쉽게 변하는 남의 기준에 번번이 자신을 욱여넣으면 무의미하게 힘을 낭비하게 되고 결국 중요한 순간에 무기력한 모습을 보일 수밖에 없다. 그러니까 이제부터는 '남'이 아닌 '나'를 더 아끼자.

삶은 다른 사람에게 보여 주기 위해서 살아가는 것이 아니다. 다름 아닌 본인 스스로에게 초점을 맞추고 주체가 되어 살아가야 한다. 생애를 한 권의 책으로 풀었을 때 어느 부분을 펼치든 남에 의한, 남을 위한 내용만 가득하다는 것은 나중에 정말 불행하고 후회스러울 일이다. 그러니까 당신은 당신으로 살았으면 한다. 고작 남들에 의해 소비되려고 이 세상에 만들어진 것은 아니니까. 부디 당신이 주위를 신경 쓰지 않으며 스스로가 기뻐하고 즐거워할 수 있는 일에 최선을 다했으면 한다.

∞

당신이 좋아하는 것을 열심히 할 수 있기를.

계속 남에게 맞추다 보면 결국 이상한 것을 하고 있을 테니까.

나는 내가 위로하면 된다

 웃음이 헤픈 사람이라고 해서, 말수가 적은 사람이라고 해서, 아니면 괜찮다는 말이 반사적으로 나오는 사람이라고 해서 힘듦에 익숙한 것은 아니다. 겉보기와는 달리 저마다 어려운 상황이나 이유가 있고 누구나 그것을 감당하기에 미숙한 부분이 많다. 단지 타인에게 나약한 모습을 보이는 것이 어색하거나 창피스럽다고 여기고 있기 때문에 어떻게든 그런 모습을 감추려고 애쓰는 것일 뿐이다.

 물론 그 자체가 나쁘다거나 잘못되었다고 말하는 것은 아니다. 또한, 당연히 이런 고충을 가깝지 않은 사람들에게까지 티를 낼 필요도 없다. 자칫하면 호시탐탐 약점만 노리고 있는 사람들에게 흥미로운 여지만 줘여 주는 셈이 되어 버릴 테니까.

그렇지만 적어도 오랫동안 나 자신을 믿어 주고 응원해 주는 사람들에게는 솔직하게 드러내는 것도 좋다. 어려움을 꼭 혼자서 극복해야 하는 것은 아니니까. 도움을 받을 수 있다면 부축을 받아서 일어나도 된다.

하지만 사람에게 의지하고 속에 있는 멍울을 꺼내어 보여 주는 것 자체가 부담스러운 상태라면 정말이지 자기 자신에게만큼은 상처를 숨기지 않았으면 좋겠다. 어차피 숨기려고 해도 완전히 숨길 수 없을뿐더러, 이다지 모진 세상으로부터 능동적으로 대처하며 잘 살아 내기 위해서는 현재 마주하고 있는 버거운 상황에 대하여 스스로에게도 설명해 줄 시간이 필요하다. 당신 안에 있는 당신에게 이렇게 말해 주자.

'내가 요새 이런저런 이유로 힘듦을 겪고 있어서 이 문제가 해결될 때까지는 한동안 슬퍼하며 펑펑 울 수도 있고 때로는 무기력함에 빠져 온통 무너질 수도 있다고. 그러니까 엉망이 되어도 너무 놀라지 말고 조금만 버텨 달라고.'

사실 이런 형편을 주변 사람들이 미리 알아채고 당신을 먼저 안아 줄 수만 있다면 정말 다행이겠지만, 아무도 그러지 못하더라도 상심하지 않았으면 좋겠다. 굳이 다른 사람이 아니어도 당신은 당신이 위로해 주면 된다. 짧은 안부나 응원이어도 좋으니 오늘부터 자신에게 다정한 문장을 건네 보기로 하자. 일어나서 하루를 시작하기 전에도 좋고 잠들기 전 하루를 마무리하면서도 좋다. 언제든 상관없다.

'오늘 하루도 열심히 살아 낼 것이고 아주 근사하게 살아 냈다고. 지금 정말 잘하고 있고 더 잘될 것이라고. 내일 나에게 어떤 일이 벌어질지는 모르겠지만 거뜬히 소화할 수 있다고.'

찬찬히 행복을 연습하자. 나는 당신이라는 사람을 믿어 의심치 않는다. 분명히 축복받을 존재이니까.

∞

다사다난했던 하루의 끝에서
다정다감하게 이야기해 주자.
나, 오늘 정말 수고 많았다고.
버텨 내느라, 살아 내느라.

희망을 품자

 매우 절망적으로 보이는 상황에서도 희망을 잃지 않는 것은 굉장히 중요하다. 왜냐하면 찾아온 어려움을 버텨 내고 이겨 낼 수 있게 만드는 힘이 결국 희망으로부터 오기 때문이다. 설령 오늘이 엉망진창이었더라도 틀림없이 더 나은 내일, 더 나은 모레, 더 나은 글피가 올 것이라고 굳건히 믿어 보자. 그런 신념을 가지고 매사에 임한다면 어떤 날의 난관도 얼마든지 극복해 낼 수 있다.

 가끔가다가 노력과 믿음으로부터 배신을 당해서 당장 눈앞의 결과가 참담하더라도 크게 낙심하지 않았으면 좋겠다. 정말 최선을 다했다면, 그 뒤에 따라오는 결과는 당신의 권한 밖의 일이다. 다만, 나쁜 일이 온다면 최악의 슬픔이 아니길 바라고 다행히 좋은 일이 온다면 최선의 기쁨이기를 바라면 된다. 그런 바람을 가지고 주어진 순간에 몰두하며 살면 된다.

그런 하루가 일주일이 되고, 한 달이 되고, 일 년이 되었을 때 문득 지나간 시간을 돌아보면 명확히 보일 것이다. 당신이 얼마나 성장했고 성숙해졌으며 근사한 사람이 되었는지 말이다.

∞

우리, 희망을 품자.

세상에서 가장 튼튼한 희망을.

그냥 하는 마음

무엇이든 그냥 해 보는 것이 중요한 것 같다. 복잡하게 생각한다고 매양 잘할 수 있는 것도 아니고 단순하게 생각한다고 매번 잘하지 못하는 것도 아니다. 너무 완벽해지려고 애쓰지 말고 미흡하면 미흡해도 된다는 마음으로 일단 해 보자.

생각은 마치 모래주머니와 같아서 많아지면 많아질수록 무거워지고 그렇게 되면 갈수록 몸을 움직이기 힘들어진다. 또, '해야지', '정말 해야지', '이제는 진짜 해야지'라는 생각을 하고 나서 하려고 하면 이미 늦은 경우가 허다하다. 자기 자신이 해야 할 것이 무엇인지 명확히 알고 있다면 뜸을 들이지 않고 바로 실행하자. 아무것도 하지 않으면 아무 일도 일어나지 않는다. 당장은 귀찮고 내키지 않더라도 나중을 위해서 움직이

자. 이내 탐탁지 않았던 기분은 사라지고 결과는 남을 테니까. 아무리 불가능해 보이고 거대해 보이는 일일지라도 작은 것부터 하나씩 하나씩 하다 보면 다 해낼 수 있다.

∞

무엇을 결심했다면 망설이지 않을 것.
자신의 결정을 믿고 응원할 것.
머뭇거릴 시간에 조금이라도 더 나아갈 것.
잘하고 있다고 스스로를 격려할 것.
그리고, 보란 듯이 이루어 낼 것.

마법의 주문

 누군가가 나의 인생 영화에 관해서 물으면 해리 포터 시리즈를 항상 다섯 손가락 안에 꼽는다. 어릴 적부터 있던 마법에 대한 갈망 때문일까. 아니면 MBTI의 영향 때문일까. 나는 지금도 가끔 꿈속에서 마법사가 되고 꿈을 깨서도 마법 같은 일이 나에게 벌어지기를 바란다. 그런 의미에서 당신에게도 기적과 같은 일이 일어나기를 바라며 제법 쓸 만한 주문을 적어 본다.

Deaeseohsta(디에세 오스타)
: 자기 자신을 사랑하게 하는 주문.

Castorpollux(카스트로폴로스)
: 행복을 부르는 주문.

Serendipity(세렌디피티)
: 예상 밖의 행운이 찾아오는 주문.

Aesculapius(아이스쿨라피우스)
: 아픔을 잊게 해 주는 주문.

Mahoken da pepeldomoon(마하켄다프펠도문)
: 슬픔과 고통을 잊게 해 주는 주문.

Obliviate(오블리비아테)
: 나쁜 기억을 없애 주는 주문.

Merojaerijae(메로제에리제)
: 상대와 오랜 대화를 할 수 있게 해 주는 주문.

Loversleporineladymart(러버스레폴링레이디마트)
: 사랑을 이루어지게 하는 주문.

Andantaespraesebo(안단테에스프레시보)
: 짝사랑을 이루어지게 하는 주문.

Maktoob(마크툽)
: 신의 뜻대로 이루어질 것이라는 주문.

Hitumadrkistuman(히투마드리수투만)
: 생명을 보호해 주는 주문.

Abracadabra(아브라카다브라)
: 말하는 대로 이루어지게 하는 주문.

Hakuna matata pole pole(하쿠나 마타타 폴레 폴레)
: 다 잘될 것이라는 위로의 주문.

Bibbidi bobbidi boo(비비디 바비디 부)
: 소망을 실현시키는 주문.

Roopretelcham(루프리텔캄)
: 모든 것이 이루어지게 하는 주문.

∞

다 괜찮아져라, 얍.

나를 위한 문장을 만들기

한때 나도 되게 예민했던 시기가 있었다. 순간의 감정에 쏠리지 않고 잠시만 다시 생각해 보면 사실 별것이 아닌 일임에도 쉽게 평정심을 잃었고 그 때문에 하루를 엉망으로 보낸 날도 많았다. 또한, 내 기준에서 선을 넘었다고 간주되면 날 선 표현을 참 열심히도 주고받으며 인연을 아예 끊어 버렸던 사람도 여럿 있었다.

그러다 보니 당시에 길을 가다가 혹시나 마주치게 된다면 불편하게 여겨질 관계가 하나둘씩 늘어 갔고 어느 시점부터는 이런 나의 모습이 싫어졌다. 감정의 후폭풍을 감당하는 일은 번번이 버거웠고 외로웠다. 그럴 때마다 작게 시작된 문제를 크게 키우지 않고 현명하게 웃어넘길 줄도 알며 그냥 인간관계에서 큰 마찰이 없이 두루두루 친한 사이를 유지하는 사람들이 부럽기도 했다.

'어떻게 하면 나도 저렇게 지낼 수 있을까'라는 생각을 제법 오래 붙들고 있었다. 혼자서 얼마나 고뇌하고 반성하고 타협했을까. 그 길었던 고민 끝에 내린 해결책은 바로 나를 위한 문장을 만들어 놓고 사는 것이었다. '살다 보면 그럴 수도 있지', '예상하지 못했지만 오히려 좋아', '누구나 조금씩은 틀리고 다를 수 있어'와 같은 문장들을 내면에 마련해 놓고 갈등이나 마찰을 직면할 때마다 속으로 침착하게 되뇌이니까 전보다 훨씬 더 차분한 상태로 지혜롭고 슬기롭게 상황을 대처할 수 있었다. 그리고 그런 문장들이 점점 온전한 나의 것이 되어 갈수록 인간관계에서 불현듯이 일어나는 불협화음을 원만하게 다스릴 수 있는 힘이 날로 강해지는 것을 느낄 수 있었다.

우리가 어떤 사람과 상황에 대해서 부정적인 감정을 갖게 되는 대부분의 이유는 결국 자신의 감정이 균형을 잃었기 때문이다. 그렇다고 모든 순간마다 한쪽으로 기울어지지 않으려고 무작정 참기만 해서는 안 되겠지만, 자기감정이 쉽게 중심을 잃지 않도록 평형수 역할을 할 수 있는 문장들을 만들어 놓으면 수많은 목소리가 공존하는 이 소란스러운 세상 속에서도 얼마든지 고요한 삶을 살아갈 수 있다고 믿는다.

차분해지는 방법

하나, 　스트레스를 피하지 말고 받아들이기.

둘, 　　상처받는 것을 두려워하지 않기.

셋, 　　울고 싶을 때는 실컷 울어 버리기.

넷, 　　주어진 상황을 인정하고 다음 계획을 세우기.

다섯, 　지나친 욕심을 덜어 내기.

여섯, 　나 자신을 아낌없이 이해하고 사랑하기.

일곱, 　하고 싶은 말은 하면서 살기.

여덟, 　서로의 생각이 다를 수 있음을 인지하기.

아홉, 　하루를 정리할 수 있는 시간을 가지기.

열, 　　스스로에게 괜찮다고 말해 주기.

좋은 인상을 남기는 방법

하나,　웃는 얼굴로 인사하기.

둘,　부드러운 말투를 사용하기.

셋,　다정한 태도로 대하기.

넷,　차분한 목소리로 말하기.

다섯,　눈을 마주치며 대화하기.

여섯,　귀를 기울여 듣기.

일곱,　품위 있게 행동하기.

여덟,　깔끔한 용모를 유지하기.

아홉,　세심하게 배려하기.

열,　좋은 향기를 풍기기.

누구도 나를 살아 본 적 없으니까

 당장 자기가 오늘 무슨 일을 겪을지도 모르는데 남의 내일은 어떻게 알 수 있고, 더구나 남의 미래는 무슨 수로 예단할 수 있을까. 함부로 당신의 삶을 재단하려는 사람들의 말에 너무 상처받지 않았으면 좋겠다. 다 거짓말이고 허언이며 부질없으니까.

 모든 것은 당신에게 달려 있기 마련이다. 들려오는 잡음으로부터 흔들리더라도 자기 자신을 잃지 않기를 바란다. 누군가가 아무리 먼저 경험해 봤고 현명한 조언을 해 준다고 해도 그 사람은 결국 당신을 살아 본 적이 없다. 당신의 아픔, 당신의 우울, 당신의 눈물을 감당해 본 일이 없다. 비슷해 보이는 눈물도 저마다의 무게가 다른 것처럼 당신의 힘듦을 온전히 헤아릴 수 있는 사람은 없다.

그러니까 자기 자신을 좀 안아 주기를 바란다. 괜찮다고, 걱정하지 말라고 달래 주기를 바란다. 스스로가 잘한 일이 있다면 아낌없이 칭찬해 주고 잘못한 일이 있다면 미련 없이 용서해 주자. 누구도 타인의 삶을 대신 살아 볼 수 없으니 당신은 당신을 가장 챙겨야 한다.

당신에게 바라는 점

✓ 하나,

꾸준한 운동을 했으면 좋겠다. 건강한 신체에 건강한 정신이 깃든다고 한다. 꼭 거창한 운동이 아니더라도 괜찮다. 부지런하고 부단히 할 수만 있다면 무엇이든 좋다. 하나를 정해서 오늘부터 일단 시작해 보자.

✓ 둘,

밥을 잘 먹었으면 좋겠다. 삼시 세끼를 꼭 다 챙기지 않더라도 최소한 두 끼는 알차게 먹기를 바란다. 몸에 영양분을 잘 보충해 주어야 필요한 힘을 제때 제대로 낼 수 있다. 편식하지 말고 골고루, 체하지 않도록 꼭꼭 씹어서 맛있는 식사를 하기를 바란다.

✓ 셋,

충분한 휴식을 취했으면 좋겠다. 살아가다가 쉼이 필요할 때는 충분히 쉬어야 한다. 과부하가 걸린 상태에서 무리를 하다 보면 뒤탈이 생기게 된다. 다른 까닭으로 자기 자신을 혹사하고 있지는 않은지 돌아보자. 당신에게 제일 중요한 이유는 바로 당신이어야 한다는 것을 잊지 않기를 바란다.

✓ 넷,

하고 싶은 것을 시도해 봤으면 좋겠다. 해 보는 것과 해 보지 않는 것은 하늘과 땅 차이이다. 혹여나 도전했지만, 원하는 성과를 거두지 못했더라도 낙심하지 않았으면 좋겠다. 그 과정에서 배우고 느낄 수 있었던 것들은 돈으로도 쉽게 살 수 없는 가치를 지니니까. 실패는 성공의 과정일 뿐이다. 그러니까 좌절을 두려워하지 않기를 바란다.

✓ 다섯,

누군가를 애틋하게 사랑했으면 좋겠다. 사람은 사랑하며 살아야 육체적으로도 정신적으로도 건강한 상태를 유지하기 쉽다. 이런저런 핑계로 머뭇거리며 망설이지 말고 자신 있게 다가가서 표현하자. 당신, 지금 그대로도 충분히 괜찮은 사람이니까. 게다가 애당초 우리는 사랑하고 사랑받기 위해 태어난 아주 소중한 존재들이다. 당신이 꼭 어여쁘고 살가운 사랑을 할 수 있기를 바란다.

✓ 여섯,

골칫거리를 너무 깊이 생각하지 않았으면 좋겠다. 혼자서 속을 태운다고 해결되는 것은 그다지 많이 없다. 차라리 그럴 때는 당신의 편에 서 있는 사람들 곁에서 실컷 시간이라도 보내자. 시간이 모든 것을 해결해 주지는 못하겠지만, 또 그만큼 많은 것을 무디어지게 만드는 것도 없다. 부디 부정적인 생각에 사로잡혀 있지 않기를 바란다.

✓ 일곱,

잠을 잘 잤으면 좋겠다. 하루를 치열하게 살아 낸 몸과 마음을 충전하는 시간이다. 되도록이면 전자 기기를 멀리하고 가장 편한 자세로 누워서 눈을 감아 보자. 이어서 눈앞에 특별한 밤하늘을 펼쳐 보는 것이다. 한편에서 아직 머물러 있는 잔상을 바라보며 지난날을 정리해도 좋고 다른 한편에서 바라는 날의 희망찬 모습을 무한히 수놓아도 좋다. 그러다 자연스레 스르르 그리고 새근새근. 오늘도 고생한 빨간빛의 당신이 내일 아침에는 무성한 초록빛이 되기를 바란다.

∞

무엇보다 당신이 함부로 행복했으면 좋겠다.

마음의 맷집

 마음에도 근력이 있고 맷집이 있다. 그것을 흔히 우리는 회복 탄력성이라고 부른다. 회복 탄력성은 시련, 역경, 실패와 같은 부정적인 상황을 극복하고 오히려 그것을 도약의 발판으로 삼아 더 높이 뛰어오르면서 원래의 안정된 심리적 상태를 되찾으려는 마음의 힘을 말한다. 그런데 이러한 힘이 약한 사람들은 스트레스에 취약한 모습을 보이게 된다. 작은 일을 대단히 크게 여기며 그냥 넘겨도 될 일도 자꾸 부정적으로 생각하곤 한다.

 스트레스는 사람이 살아가면서 결코 피할 수 없고 이를 잘 다루기 위해 우리는 마음의 탄력을 키워야 한다. 너무 막연하다고 느끼지 않아도 된다. 누구나 회복 탄력성을 가지고 있으니까. 가장 주요한 것은 스스로를 돌아보는 것이다. 어떤 일이 자신에게 가장 힘들게 다가왔는지, 어떤 생각이 자신을 마모시켰는지, 그럴 때마다 어떻게 대처했고 누구에게 도움을 요청했는지, 그로 인해 배운 점은 무엇인지 살펴보자. 이것만 잘해도 당신은 닥쳐온 어려움을 거뜬하게 밀어낼 수 있다.

당신의 마음이 멈추지 않는 한 어디에든 희망은 있고 그 희망은 당신을 밝은 곳으로 유도할 것이다. 그러니 이미 지난 일을 가지고 줄곧 부정적인 판단을 내리기보다는 긍정적으로 사고하며 스스로를 공감해 주고 돌보아 주자. 당신은 지금보다 훨씬 더 튼튼해질 수 있다.

∞

무엇보다 마음이 잘 지내야 한다.
그래야 할 수 있는 일도 더 잘할 수 있고
할 수 없어 보이는 일도 끝내 해낼 수 있다.
마음은 그런 힘을 지니고 있다.

아기자기하게 살아 보자

 그래, 인생이 진짜 지루하게 느껴지는 시기가 있다. 무엇을 해도 신나지 않고 어떤 주제에도 흥미가 생기지 않을 때가 있다. 만약 인생이 색깔이라면 자기 삶이 무채색인 것만 같은 기분이 들 때. 아무래도 누군가에게는 참 배부른 소리일 수도 있겠지만.

 그러면서 동시에 시간이 참 빠르게 가는 것 같기도 하다. 월요일이 언제 시작됐다고 어느새 일요일의 끝에 서 있다. 점점 일주일의 주기가 짧아지는 기분이다. 누가 그랬나. 나이와 시속은 비례한다고. 10대는 시속 10km로, 20대는 시속 20km로, 30대는 시속 30km로, 40대는 시속 40km로, 50대는 시속 50km로…. 나이가 조금씩 들다 보니 어른들께서 '인생이 참 짧다'라고 하시는 말씀들이 무슨 뜻인지 알 것 같더라. 우리가 지금부터 제철 과일을 바지런히 먹어도 100번을 먹지 못하니까. 이렇게 생각하니 딱히 인생이 그렇게 길게 느껴지지도 않는다.

그러니까 우리, 인생을 최대한 알차게 즐기면서 살자. 그렇다고 무책임하게 놀자는 말은 아니다. 당연히 자기 자리에서 해야 할 것들은 열심히 해야 한다. 그러다 보면 분명히 지치고 고달플 테다. 또, 성실히 살았음에도 금전적으로나 시간상으로나 빠듯할 수도 있겠다.

하지만 그럼에도 불구하고 나는 우리가 여유를 내서 변하는 계절 내음을 맡으며 우리의 인생을 아주 재미있게 살았으면 좋겠다. 봄에는 꽃구경도 하고, 여름에는 바다에 빠져도 보고, 가을에는 단풍놀이와 캠핑도 가고, 겨울에는 스키도 타면서 말이다. 이따금씩 이색 체험이나 해외여행도 너무 좋겠다. 아 참, 매 순간 사진을 남기는 일도 잊지 않아야 한다.

소중한 이름아, 그렇다고 부담을 가지지는 않았으면 한다. 그것은 당신의 것이 아니니까. 다 괜찮아질 테다. 걱정은 그만하고 어떻게 하면 더욱 다채롭게 살 수 있을지 천천히 연구나 해 보자.

∞

우리, 아기자기한 추억을 많이 만들면서 살자.
그래야 나중에 할 이야기도 많지.

모두에게 사랑받을 필요는 없다

 관계에 대해서 많은 생각이 든다. 그 누구에게도 미움받지 않으려고 애썼고 어딜 가든 사랑받으려고 공들였던 지난날의 나 자신이 참 미련하고 허탈하게 느껴진다. 인간관계는 마음이 맞는 몇 사람만 있어도 충분히 행복한 것인데 욕심을 부리다가 그만 마음이 지치고 말았다.

 그래, 모든 사람에게 좋은 사람일 수는 없다. 아무리 모두가 말하는 괜찮은 사람의 유형에 가까워진다고 하더라도 결국 어디선가 나에 대한 잡음은 들려올 것이다. 그래서 앞으로는 좋은 사람에게만 좋은 사람이 되기로 했다. 인간관계에 대한 부담을 좀 내려놓기로 했다. 나를 싫어할 사람은 어떻게든 나를 싫어할 테니까.

낭만을 품은 사람이 되어야지

　세상을 살아가면서 꼭 필요한 것 중의 하나가 바로 낭만이 아닐까 싶다. 저마다 바쁘고 치열하게 살아 내는 삶이겠지만, 제철마다 어울리는 분위기를 십분 음미하며 지내는 것이 진정으로 나를 나답게 살 수 있도록 하는 힘이 된다고 믿는다.

　그러니까 낭만을 품은 사람이 되어야지. 향긋한 봄 한 송이의 내음을 맡으며 봄꽃을 닮은 미소를 피울 줄 알고, 시원한 여름 한 잔의 청량함을 들이켜며 빛나는 한강의 운치를 누릴 줄 알고, 애틋한 가을 한 장의 모서리를 넘기다가 마음이 베인 곳에서 슬퍼할 줄 알고, 소복한 겨울 한 걸음의 자국을 이어가다 누군가를 묵묵히 기다리는 눈사람과 소리 없는 안부를 나눌 줄 아는. 그런 낭만을 가슴 깊은 곳에 품고 살아가려고 한다.

∞

아무리 정신없는 나날이라도

우리 계절 냄새는 구분하며 살자.

내가 그토록 찾던 계절일까 해서

 일상을 보내다 보면 가끔 그런 사람을 발견할 때가 있다. 분주한 시간대에 비좁은 버스나 지하철에서 주변 사람들에게 "실례합니다", "내리겠습니다"라고 말하며 조심히 움직이는 사람. 카페나 식당에서 사장님에게 "안녕하세요", "정말 잘 먹었습니다"라고 웃으며 인사하는 사람. 고객 센터나 인포 데스크에서 필요한 문의를 마치고 직원에게 "도움을 주셔서 감사합니다", "좋은 하루 보내세요"라고 고마운 마음을 표현하는 사람.

 꼭 거창하고 대단한 표현이 아니더라도 나는 이런 소박하고 섬세하며 따뜻한 마음을 사랑한다. 이런 다정함을 지닌 사람이 좋다. 가식적이거나 의도적이 아닌, 그냥 몸에 자상함이 배어 있는 사람이. 표정, 말투, 행동에서 온기를 느낄 수 있는 사람이. 왠지 이런 사람이라면 나의 마음을 불안하게 하지 않고 서운하게 만들지 않을 것만 같다. 어쩌다가 다투게 되더라도 마냥 우울하게 내버려 두거나 한없이 초라하게 만들지 않을 것만 같다.

그래서 말을 예쁘게 하거나 마음씨가 착한 사람을 우연히 마주치게 되면 그냥 한 번 더 돌아본다. 혹시나 내가 그토록 찾던 계절일까 해서.

∞

그런 사람이
나의 일부이자 나의 편이 된다는 상상은
언제나 설레는 일이다.

괜찮은 사람을 얻는 방법

하나, 자신부터 좋은 사람이 될 것.

둘,   남을 존중하고 무시하지 말 것.

셋,   계산적으로 대하지 말 것.

넷,   상대의 말에 귀를 기울일 것.

다섯, 섬세한 부분을 기억해 줄 것.

여섯, 한결같은 사람이 될 것.

일곱, 여운을 남길 것.

뿌리를 내리는 중

 우연히 이것저것을 찾아보다가 '모소 대나무 이야기'를 접하게 되었다. 이 대나무는 겉으로 보기에는 4년 동안 겨우 3cm 남짓 자라지만 5년째가 되는 어느 날부터는 하루에 30cm씩 자라면서 6주 동안 무려 15m 이상의 성장을 이루어 낸다고 한다. 정말 이 식물이 한순간에 그런 속도로 자라는지는 모르겠지만, 우후죽순(雨後竹筍)이라는 말처럼 대나무는 속이 비어 있는 데다가 각 마디가 동시에 성장하여 비범한 속도로 자라는 것은 사실이니 흥미롭게 읽었다.

 그중에 가장 인상 깊었던 부분은 모소 대나무를 키우는 사람들의 반응이었다. 이렇게나 굉장한 성장 속도를 보고도 크게 놀라지 않는다는 것이었다. 저 대나무가 결국 그렇게 성장할 줄 알았으니까. 남들의 눈에는 시들었거나 썩은 것처럼 보였을 수도 있겠지만 사실은 그런 것이 아니라 단지 시간이 필요하다는 것을 이미 알고 있었으니까. 그래서 그럼에도 불구하고 느긋이 기다린 것이다.

4년이라는 긴 시간 동안 외로이 땅속에서 수백㎡의 뿌리를 뻗으며 때를 기다렸다니. 이런 사실을 전혀 모르는 사람들은 그 인고의 시간을 보고서 단순히 부정적인 말만 쏟아낼 것이다. "이 정도 지났는데 생장이 저리도 더딘 것을 보면 앞으로도 뻔하지", "싹수를 보면 다 알 수 있는데 잘 크기에는 벌써 글러 먹었어", "저래서 어디 제대로 된 줄기나 뻗을 수 있겠어?"라고 말이다.

어쩌면 이 이야기가 당신의 현재 상황과 비슷할 수도 있겠다. 어떤 목표를 향해 열심히 나아가고 있지만, 아직은 눈에 띄는 성과가 없는 탓에 주변 사람들의 매서운 눈치와 힘 빠지게 만드는 말들을 견디고 있을지도 모르겠다. 그래서 때로는 자기 자신에 대한 믿음마저 흔들려서 지나간 시간을 자책하고 다가올 시간을 두려워하고 있을 수도 있겠고.

하지만 그것들로 인해서 동요되지 말고 불안한 마음을 다잡으며 목표를 향해 첫발을 내디뎠을 때의 그 설렘을 다시금 생각해 봤으면 좋겠다. 그리고 꿋꿋이 다음 발걸음을 옮길 수 있기를 바란다. 왜냐하면 당신은 그저 멈추어 있는 것이 아니라 지금 이 순간에도 부지런히 뿌리를 내리는 중이니까.

한 번도 경기에서 져 본 적 없는 금메달리스트가 없듯이, 한 번도 음을 틀려 본 적 없는 콩쿠르 우승자가 없듯이, 한 번도 맞아 본 적 없는 UFC 챔피언이 없듯이 당신 또한 마찬가지이다. 일이 당장 잘 풀리지 않고 성과가 눈앞에 선명히 보이지 않더라도 지나치게 상심하지 않았으면 좋겠다. 중요한 것은 꺾이지 않는 마음일 테니까.

차근차근 준비를 하다가 보면 당신의 시간은 반드시 온다. 속도에 속도를 붙여 앞서간 이들을 추월할 수 있는 시간이. 온갖 편견으로 당신의 가능성에 의구심을 품었던 사람들에게 반전을 줄 수 있는 순간이. 이는 바람에 그동안의 설움을 남김없이 털어 버릴 수 있는 그런 날이 말이다.

1월부터 12월

1월 → 씩씩할 당신의 1월은 열두 가지의 달을 내디디기에 조금의 망설임도 없기를.

2월 → 애틋할 당신의 2월은 빛나는 달 중에 가장 짧은 만큼 쉴 틈 없는 행복의 연속이기를.

3월 → 따뜻할 당신의 3월은 유난히 시렸던 겨울을 잊고 문 앞까지 찾아온 봄의 인사에 미소로 화답할 수 있기를.

4월 → 어여쁠 당신의 4월은 곳곳에서 만개하는 아름다운 꽃들처럼 언제 어디서든 웃음이 만발할 수 있는 싱그러운 날의 반복이기를.

5월 → 다정할 당신의 5월은 빈틈없이 소중한 사람들의 의미를 다시금 마음속에 깊이 새길 수 있는 기회가 되기를.

6월 → 도약할 당신의 6월은 넓은 시야와 굳센 다짐으로 그간을 돌아보고 다시 나아가며 한층 더 성장할 수 있기를.

7월 → 현명할 당신의 7월은 사사로운 것에 개의치 않고 충분히 지혜롭고 슬기롭게 대처할 수 있기를.

8월 → 유쾌할 당신의 8월은 힘겹게 쥐고 있던 것을 잠시 내려놓고 여유를 계획하며 기쁨을 오롯이 즐길 수 있기를.

9월 → 뿌듯할 당신의 9월은 공들여 쌓아 온 노력이 무르익고 다채로운 보람을 수확할 수 있기를.

10월 → 개운할 당신의 10월은 여러모로 답답했던 이유 앞에서 당당한 모습으로 시원하게 웃을 수 있기를.

11월 → 든든할 당신의 11월은 한 해를 잘 마무리하기에 단단하고 믿음직스러운 디딤돌이 될 수 있기를.

12월 → 안온할 당신의 12월은 아쉬움을 뒤로한 채 많은 것을 추억하고 간직하기에 그 의미가 충분하기를.

∞

당신이 제법 괜찮은 사계를 살았으면 좋겠다.

버킷 리스트 만들기

　버킷 리스트를 만들어 놓고 사는 것도 인생을 재미있고 의미 있게 살 수 있는 하나의 방법이다. 가고 싶은 곳, 하고 싶은 것, 이루고 싶은 것, 사고 싶은 것 등등 다양한 주제로 작성해 보는 것이 좋다. 이를 통해 삶의 기준을 다시 잡을 수 있고 성취감을 느낄 수 있으며 궁극적으로 나 자신이 무엇을 좋아하는 사람인지 알아 갈 수도 있다.

　당장 무엇을 적어야 할지 모르겠다면 잠깐 볕이 잘 드는 곳에 앉아 좋아하는 음료와 간식을 먹으며 상상의 도화지에 미래를 그려 보자. 꼭 무엇을 항상 잘 해내야 하는 것은 아니니 부담은 가지지 말고 바라는 것들을 찬찬히 떠올려 보자. 생각하는 것만으로도 흐뭇한 미소를 짓게 되는 그런 일들을.

자기 순서가 있다

 봄에 벚꽃이 피면 여름에는 해바라기, 가을에는 코스모스, 겨울에는 동백꽃이 핀다. 어느 특정한 계절에만 꽃이 피는 것이 아니라는 말이다. 사람도 마찬가지이다. 그동안 공들였던 노력으로 빛을 보게 되는 시기는 다 다르다. 하지만 분명한 사실은 자신의 계절이 오면 어여쁘고도 어여쁘도록 만개한다는 것이다. 그러니 남이 먼저 앞서간다고 초조해하지 말고 자기가 조금 뒤처진다고 조급해하지 말자. 저마다 정해진 순서에 맞게 피어나는 중일 테니. 그리고 당신에게도 머지않아 차례가 온다. 눈부시게 찬란할 수 있을 그런 순간이 당신에게도.

행복 사용법

 행복은 어디 창고 같은 곳에 쌓아 둘 수 있는 것이 아니다. 제때 즐기지 못하면 상하거나 사라지게 된다. 그러니까 아끼지 말고 그때그때 모조리 써 버리자. 작은 기쁨부터 큰 기쁨까지 최선을 다해서 전부 탕진해 버리자. 행복은 누리면 누릴수록 또 다른 행운을 불러올 테다. 부디 당신에게 허락된 오늘을 금쪽같이 여기며 사소한 것까지 빠트리지 않고 만끽할 수 있기를 바란다.

∞

나는 매일 아침 만나게 되는 나 자신과 약속을 한다.
오늘도 온전히 좋을 수만은 없겠지만
운수가 사나우면 최악에 가까울 수도 있겠지만
아무리 못해도 5분은 꼭 행복하자고.
그 300초가 오늘의 나를 지탱하고
내일의 나를 일으킬 테니까.

그리고 그날그날 스스로와 한 약속은
무슨 일이 있어도 반드시 지키려고 노력한다.
그렇게 하루하루 나 자신과의 신뢰를 쌓아 가면
그 믿음이 하나하나 모여서 든든한 보호막이 되고
나중에 어떤 시련이 언제 갑자기 닥쳐오더라도
그것으로부터 나를 안전히 지켜줄 것이라고 믿기에.

지나치게 걱정하지 않기를

 시간이 제법 지나고 한 걸음 물러서서 보면 그렇게까지 신경 쓰지 않아도 됐을 일이었는데 당시에는 있는 힘껏 부여잡고 놓지 못했던 일이 있었다. 도대체 왜 그랬었는지. 다 지났으니 이제야 하는 말이지만 그때는 참 허튼 일에 진심이었던 것 같다. 혹여나 그날의 나처럼 오늘의 당신 또한 그러지 않아도 될 일을 놓지 못하고 있다면 이 말을 꼭 간직했으면 한다.

 '지금 큰일처럼 느껴지는 것도 나중에 보면 신경을 쏟았던 것이 무색하고 허무할 정도로 대부분 별일이 아니게 된다고. 믿기지 않겠지만 의외로 그렇다고. 그러니까 아무리 생각해도 더는 버티는 게 무리라고 판단이 된다면 그만 내려놓아도 된다고. 그래도 삶은 멀쩡하기만 하니까.'

 시간을 하나의 선이라고 봤을 때 우리는 그 선상에서 다양한 일과 갖

가지 감정을 겪으며 살아간다. 이때 세상일에도 원근법이 적용된다. 그래서 당신이 서 있는 위치에서 시간상으로 가까이 있는 일은 커 보이고 멀리 있는 일은 작아 보인다. 당신을 흔들리게 만드는 것들이 영원하지 않다는 말이다.

내가 그랬던 것처럼 당신의 마음도 반복되는 무기력함과 누그러들지 않는 긴장으로 인해 찜찜할 수도 있겠다. 혹시 그렇다면, 우선은 물을 한 컵 마시고 침착함을 잃지 않으려고 노력하자. 눈을 감고서 몸에 있는 힘을 최대한 빼고 숨을 아주 천천히, 코로 들이쉬고 입으로 내쉬어 보는 것도 큰 도움이 된다. 일단은 모든 것을 뒤로한 채 심란한 마음을 진정시키는 것이 급선무이다.

그다음으로는 주변을 맴도는 문제를 여러 조각으로 나누어 봤으면 좋겠다. 너무 커서 한 번에 소화하기 어렵다면 잘게 잘라 여러 번에 걸쳐서 감당해도 좋다. 다만, 절대로 성급해서는 안 된다. 조급함을 버리고 이성적으로 생각해야 한다. 벌어진 상황 앞에서 내릴 수 있는 최선의 결정은 무엇인지, 그냥 한 번쯤은 대수롭지 않게 넘겨도 되는 것은 아닌지, 과연 이렇게까지 스스로를 잃어 가며 마음을 쓸 정도로 가치가 있는 일인지 말이다. 그러다 보면 명쾌한 해답을 당신 안에서 찾을 수 있을지도 모르는 일이다.

엄연히 걱정이 문제를 해결해 주지는 못한다. 게다가 지나친 걱정은 오지 않아도 됐을 불운까지 초래하기 쉽고 지나고 보면 감정 낭비인 경우가 많으며 생각보다 상당한 에너지를 필요로 한다. 차라리 그럴 바에는 그 힘을 아껴서 주어진 오늘을 더욱 뜻깊게 살아 내는 데 사용하는 것은 어떨까.

물론 일상 속에서 어제를 살피고 내일을 대비하다 보면 자연스럽게 고민이 생기기 마련이다. 그리고 오히려 적당한 근심은 삶의 동기 부여를 자처하기도 한다. 하지만 걱정이 지나치게 되면 말이 완전히 달라진다. 필요 이상의 걱정은 곧 집착이 되고 집착은 이내 사람의 시야를 좁힌다. 게다가 지나간 시간에 이목을 끌리게 해서 다시 오지 않는 오늘을 놓쳐 버리기 쉽게 만든다. 정말이지 세상에 또 이것만큼이나 어리석은 일도 없다.

우리, 구태여 너무 많은 것들을 짊어지려고 하지 말자. 아직 다가오지도 않은 미래를 두려워하거나 이미 지나간 과거에 얽매이지 않아도 된다. 당신이 최선을 다해야 할 순간은 바로 지금이다. 다른 날들에 시선을 빼앗기지 않고 오늘 이 시간에 집중할 수 있기를 바란다. 당신의 마음에 소중한 오늘을 방해하는 것들이 실타래처럼 뒤엉켜 있다면 매번 그것을 일일이 풀어 보려고 하기보다 때때로 과감히 끊어 버리기도 하면서 말이다.

우중충한 하늘로 어제 내내 비가 내렸다고 해서 화창한 오늘마저 어둡고 침침하게 보낼 이유는 없다. 나는 당신이 찬연하게 빛나고 있는 당신의 하루를 마음껏 누릴 수 있기를 바란다.

다 착각이라고 생각하기

 최근 들어 신경이 쓰이는 일들이 많아진 탓에 몸도 계속 피곤하고 마음도 많이 지쳐서 뭐라고 말할 수 없는 불안과 우울에 사로잡히는 일이 잦고 숙면도 제대로 취하지 못하며 종종 악몽에 시달리고 있다면 그냥 이렇게 생각하자. '이 모든 것은 다 착각이다'라고. 실제로 당신을 긴장하게 하고 초조하게 만드는 일들의 대부분은 아직 일어나지 않았거나 앞으로도 일어나지 않을 가능성이 아주아주 높다.

 행여나 주변 사람들 중에서 좋지 않은 일을 한꺼번에 겪는 바람에 아주 힘들어하는 사람의 모습을 옆에서 보고 '나에게도 저런 상황이 발생하면 어쩌지'라는 생각으로 하루하루를 흔들리는 마음으로 연명하고 있다면 그 걱정은 이제 그만 넣어 두기를 바란다.

그래, 물론 안 좋은 일들이 한꺼번에 당신을 찾아갈 수도 있다. 그런데 그것들이 영원하지는 않더라. 우려와는 달리 별것이 아닌 것들도 엄청 많더라. 그러니까 당신이 제발 기운을 냈으면 좋겠다. 올지 안 올지도 모르는 것들 때문에 당신의 값진 86,400초를 헛되이 보내지 않았으면 한다. 나중에 올 것은 나중에 생각해도 괜찮으니까.

∞

멍한 눈으로 자주 초점을 잃어버리며 사는 당신을
말없이 꼭 안아 주고 싶다.
지금 당신에게는 그런 위로가 필요할 테니.

언젠가 그리울 테니

 한 살이라도 더 젊을 때, 조금이라도 더 많은 것들을 경험하고 즐기면서 살아야지. 다소 늦은 것처럼 보일 수도 있겠지만, 지금의 나이 역시 언젠가 젊은 시절의 일부가 될 테니 나중에 후회하지 않도록 보내야지. 남은 나의 모습 중에 오늘이 가장 젊고 예쁘고 멋질 테니 최선을 다해 하루를 살아가야지. 분명히 언젠가 그리울 오늘일 테니.

 오늘이 아니면 오늘은 다시 오지 않는다. 그래서 나는 나 자신이 그만두어야 할 것에 미련을 품지 않고 해야 할 것에 게으르지 않았으면 좋겠다. 기쁨이든 슬픔이든 그 순간에 몰입할 수 있기를. 그렇게 내가 나로서 아름답기를 바라는 마음이다.

가급적이면 한 번뿐인 인생, 좋은 일들이 셀 수 없이 많이 생겼으면 좋겠다. 그냥 기분 좋은 일들이 하늘에서 우수수 떨어졌으면 좋겠네.

∞

삶을 '나이'에 맞추어 살지 말고
'나'에게 맞추어 살자.

너그러이 낡아지자

 세상 모든 것에는 저마다의 마지막이 있다. 그로 인해서 우리는 눈물을 흘리고 위로를 나누고 현실을 받아들이고 지난날을 되새기며 산다. 참, 그러고 보면 산다는 것은 가슴 한편에 영영 아물지 못하는 그리움을 품고 지내는 일일지도 모르겠다.

 그렇지만 우리 시간을 거스르면서까지 멀어지는 것을 붙잡거나 아쉬워하지는 말자. 또, 버릇처럼 아파하거나 불안해하지도 말자. 유감스럽지만, 우리는 시간의 흐름에 맞추어 살아가야 한다. 마음을 현재에 두자. 감정이 아직 과거에 머물러 있다면 자주 후회하게 되고 벌써 미래에 가 있다면 쉽게 흔들리기 마련이다. 그런 상태로는 현재를 잘 살아 낼 수가 없다.

 지나간 것들은 고이 간직하고 다가올 것들을 반갑게 맞이하며 살자.

나 자신이 더 잘 지내기를 바라는 마음으로 세월에 놓아줄 것은 놓아주기로 하자. 지나친 미련과 걱정은 사람을 피폐하게 만든다. 우리, 이제부터는 너그러이 낡아지자.

사람의 힘으로는 밀려오는 운명을 부정할 수 없고 한편으로는 마음에 잔여물이 있을 때가 추억하기 가장 좋은 순간일 수 있다. 각자의 시간을 머물다 간 것들을 웃으며 보내 주자. 살다 보면 또 지나간 날의 행복과 버금가는 기쁨이, 아니, 그보다 더한 축복이 당신 앞으로 찾아올 테니.

그러지 않아도 되었을 일

한때는 내 편이 되어서 나를 도와줄 수 있는 사람들을 늘리는 데 혈안이 되었던 적이 있었다. 그냥 내 주변에서 머무는 사람들이 많아야 좋지 않은 일이 불쑥 찾아오더라도 불행으로부터 안전할 것만 같았다. 그래서 내가 좀 손해를 보고 내가 좀 불편하더라도 인맥을 늘리는 데 상당한 힘을 쏟곤 했다.

하지만 그때의 생각은 딱 50점짜리였다. 반은 맞고 반은 틀렸다. 물론 연락하고 지내는 사람들이 많으면 많을수록 그만큼 도움을 받을 수 있는 확률도 높아지는 것은 부정할 수 없는 사실이다. 그렇지만 막상 살아 보니까 그들이 힘을 보탤 수 없는 어려움도 정말 많았고 정작 나에게 좋지 않은 일이 생기자 등을 돌리거나 홀연히 떠나 버린 사람들도 제법 있었다.

이런저런 시간을 보내고 여러 사람들을 겪어 보니 알겠더라. 결국 어떤 일이 들이닥치더라도 나는 내가 지켜야 한다는 것과 어떤 가시밭길도 함께 나아가겠다며 끝까지 나의 곁에 남아 있는 몇 사람들만 있어도 인생은 충분히 따뜻하고 포근하며 평온할 수 있다는 것을.

그래서 이제는 스스로를 희생하면서까지 억지로 인맥을 늘리기 위해 애쓰지 않는다. 지금의 나는 나를 잘 지켜 나가고 있고, 내가 이토록 사랑하며 나를 이다지 사랑하는 고마운 인연들과 함께하고 있으니.

촘촘히 준비하자

　인생에는 느끼기에 좋은 것들도 정말 많이 있지만, 그렇지 못한 것들도 제법 많다. 게다가 삶은 의도한 것보다 의도하지 않은 것으로부터 좌우되기 훨씬 쉽다. 그렇기에 우리는 행복을 조밀하게 준비해야 한다. 작은 행복들이 모여 탄탄하게 기반을 갖추고 있으면 평화로운 일상에 어떤 불행이 불쑥 찾아오더라도 치명적인 손해나 손실을 피할 수 있으니까. 혹여나 타격을 맞게 되더라도 그것을 최소화하고 금방 회복할 수 있는 힘을 가지게 되는 것은 물론이고. 그러니까 촘촘히 준비하자. 어떤 불행도 안으로 쉽게 들어올 수 없도록. 아주 탄탄하게.

틈이 있는 삶

항상 완벽하게 살아 내려고 기를 쓰지 않아도 된다. 좀 허술하게 살아도 괜찮다는 말이다. 어떻게 모든 날, 모든 순간을 빈틈없이 지낼 수 있을까. 그렇게 기계처럼 살다가는 결국 어느 시점에 가서 생활이 무기력하고 무미하고 무의미하게 느껴지고 만다. 별다른 이유가 없다면 매일매일 빠듯하게 살기보다는 오히려 적당한 틈을 유지하며 살자. 그것이 사람이 사람처럼 행복하게 사는 방법이다.

평일은 그렇다고 쳐도 최소한 주말에는 여유 좀 부리면서 살자. 그래야 그럭저럭 또 살아 내지.

고즈넉이 당신을 응원할 테다

 위로와 응원이 매번 제 역할을 해내는 것은 아니더라. 아무리 좋은 의도로, 듣는 사람이 정말 괜찮았으면 하는 의미로 건넨 마음이라도 말하는 사람의 원래 뜻과는 전혀 다르게 그 짧은 말이 외려 상대가 감당해야 할 삶의 무게를 가중시킬 때도 있더라.

 하루하루를 누구보다 간절하고 절실하게 살고 있을 텐데, 매 순간 가지고 있는 모든 힘을 쏟으며 건디고 버티고 있을 텐데, 어쩌면 남들의 눈에 엉망으로 보이는 모습이 그 사람의 최선이었을 수도 있었을 텐데 말이다.

 행여나 당신의 마음이 아주 작은 위로조차 받아들이기에 어려움을 느끼고 있고 그 어려움이 누그러들 때까지 기다림이 필요하다면 당신만의 시간을 충분히 가질 수 있기를 바란다. 어떤 사람과 상황의 방해도 받지 않으며 오롯이 소란스러운 마음을 정리할 기회를 마련했으면 좋겠다.

그러다 좀 잔잔해질 때면 문득 한 번만 뒤를 돌아봐 주었으면 좋겠다. 그럼 알게 될 것이다. 소중한 마음을 조심스레 품고서 당신이 예전처럼 돌아오기를 묵묵히 기다린 사람들이 세상에 이토록 많이 존재하고 있음을 말이다. 나 역시도 그 무리 속에서 고즈넉이 당신을 위한 기도를 하고 있다. 이 모든 마음들을 당신은 당장 알지 못해도 괜찮다. 그저 지금은 눈앞의 아픔에 집중할 수 있었으면 좋겠다.

간간이 불안과 우울 속에서 지내도 된다. 언제나 힘을 내야 하는 것은 아니니까. 그 대신, 당신이 괜찮아지면 그동안 밀린 위로를 왕창 주어야지. 다정한 마음으로 그간 서늘했을 당신의 마음을 가득 채워 주어야지. 잊지 않았으면 좋겠다. 당신은 누군가의 미소이자 행복이라는 자명한 사실을.

∞

진심으로 빈다.
당신이 괜찮아지기를.
남부럽지 않게 행복해지기를.
어디 하나 구겨진 곳 없이
잘 지낼 수 있기를.

이제는 지겹겠지만

 앞에서 하도 많이 이야기해서 이제는 좀 지겨울 수도 있겠지만, 그래도 마지막 장이니까 한 번만 더 말하려고. 원래 가장 중요한 말은 끝에서 다시 강조해야 더 잘 전달될 테니까.
 나는 당신의 불안이 길지 않았으면 좋겠고 당신의 우울 또한 깊지 않았으면 좋겠다고. 왜냐하면, 나는 진심으로 당신이 아프지 않고서 그냥 좀 잘 지냈으면 하는 마음이니까.
 삶과 인간관계로부터 지친 당신이 이제는 정말.

에필로그

나는 당신이 잘 지냈으면 하는 마음이라서

 나는 한번 내 사람이라고 생각한 사람을 쉽게 놓고 싶지 않다. 설령 정말 곤란한 상황에 놓인다고 해도 죽이 되든 밥이 되든 끝까지 옆자리를 지켜 주고 싶다. 처음 마음 그대로, 아니, 그것보다 더한 마음으로 묵묵히 지지하고 응원하고 격려할 테다. 별다른 이유는 필요하지 않다. 그저 내 사람이니까. 그래, 내가 늘어놓은 진심을 읽어 준 당신은 여실히 내 사람이다.

 앞으로도 당신은 수많은 문제 위에서 길을 잃어버리고 방황하며 때로는 주저앉아 하염없이 눈물을 쏟을지도 모른다. 그런 암담한 상황 속에서 별로 내키지 않는 시간을 오래 감당해야 할 수도 있다. 하지만 안심해도 좋다. 위태로울 때마다 내가 늘 근처에 있을 테니, 안전하고 아늑한 집이 되어 줄 테니 살면서 도망치고 싶거나 다 포기하고 싶을 때는 언제든 어떻게든 나를 찾아 주었으면 좋겠다. 문득 당신이 암흑이라면 그 어둠 속에 한없이 파묻히는 일도 제법 괜찮겠다는 생각을 한다. 너무 개의치 않기를. 함께 이겨 내면 된다. 그것이 무엇이든.

  완연한 봄이다. 따사로운 봄볕이 골목골목을 호기심 가득한 어린아이처럼 거닌다. 훈훈히 불어오는 달큼한 봄바람에 내 마음에는 꽃이 활짝 핀다. 다정한 나날, 당신의 마음에도 봄이 한창이기를. 시간이 흐르면 언젠가 이 계절도 지나가겠지만, 우리의 마음은 늘 변함없는 3월부터 5월이기를.

  무디어질 것이고 괜찮아질 것이다. 당신의 마음은 그렇게 되어 있다. 괜찮다. 괜찮아해도 되는 일이니까. 나는 진심으로 당신이 그냥 좀 잘 지낼 수 있기를 이렇게 간절히 빈다.

그냥 좀 잘 지냈으면 하는 마음에

초판 발행	2023년 3월 21일
15쇄 발행	2025년 9월 23일

글	윤글
표지	유수빈(@ssu_binne)

펴낸곳	Deep&Wide
발행인	신하영 이현중
편집	신하영 이현중
도서기획	신하영 이현중 윤석표
마케팅	신하영 이현중 윤석표
주소	서울특별시 마포구 성미산로 1길 21 사울빌딩 302호
출판등록	제 2020-000209호
이메일	deepwidethink@naver.com
ISBN	979-11-91369-35-9

ⓒ 윤글, 2025

파본은 구입하신 서점에서 교환해 드립니다.
이 책은 저작권법에 의하여 보호받는 저작물이므로 무단 전재와 복제를 금합니다.
이 책의 내용의 전부 또는 일부를 이용하려면 반드시 저작권자와 딥앤와이드의 동의를 받아야 합니다.

딥앤와이드는 책에 관한 아이디어나 조언 그리고 원고 투고를 언제나 기다리고 있습니다.
deepwidethink@naver.com으로 당신의 아이디어를 보내주시고 출간의 꿈을 이루어보시길 바랍니다.
당신도 멋진 작가가 될 수 있습니다.